スリップの技法

久禮亮太

苦楽堂

スリップの技法

久禮亮太

まえがき

みなさん、こんにちは。久禮《くれ》亮太と申します。みなさんは「スリップ」をご存知ですか？　新刊書店で本に挟まっている細長い紙切れ、あれです。書店や出版社にお勤めの方々にはおなじみですね。一般読者の方々は、本をお買い上げくださったときに書店で回収してしまいますから、じっくりご覧になったことはないかもしれません。あのスリップ、実は僕たち書店員の大事な仕事道具なのです。僕には、スリップがなくては始まらない！　というくらい。本が売れて嬉しかった、売れなくて悔しかった、万引きされて腹が立った、お客様が買ってくださった本がヒントになって品揃えのアイディアを閃《ひらめ》き興奮した。書店の日常で感じるそんな喜怒哀楽が、すべてスリップを通して僕に伝わってくるのです。

本書『スリップの技法』は、僕が新刊書店で18年働いてきたなかで身につけた「スリップを使った品揃えの考え方と実践法」を解説する教科書となることを目指しています。「スリップの技法」は、書店員が今よりも楽しく自信を持って仕事を続け、売れる品揃えを作るための実践的な方法です。現場で売場を担当する人だけでなく、ジャンル担当を持たないマネージャー、現場を離れて本部から各店に指示を出す人、そんな方々も含めて、書店員のみなさんがそれぞれの持ち場で、根拠を持って正しく速い仕事を組み立てる上でスリップを活用することを提案します。

ほとんどの新刊書店にPOSシステムが導入され、ウェブで取次や出版社に自動発注できる時代に、今さら「スリップを使え」だなんて、ただの懐古趣味だと思われるかもしれませんが、そうではありません。売れた書籍のスリップを集めた束は、売れ冊数や売上金額といった抽象的な数字に化ける前の具体的な「売れたという事実」を、個別に、かつ大量に扱いながら考えるための優れた道具です。POSや検索発注システムは、どう使うかを考えずに触れても、ただ振り回されてしまうだけです。書店員がスリップを元に自店のお客様を想像し、どうすればその人が買ってくれるかと仮説を立て、その品揃えが売れているかちゃんと検証したい――と考えたとき、POSやウェブは真に役立つ道具になります。

自分が期待を込めて積んだ書籍が売れたことをスリップで知れば、POSで見るより嬉しい。たとえ1冊売れただけの小さな兆《きざ》しでもスリップという実体があれば、どんな人が何を思って買ったのか、その人は次にどんなものを求めるのか――と思考が刺激されます。仕分けせずにレジで売れた順のまま束ねたスリップをめくっていけば、これまで気づかなかった売れ方の傾向や、ジャンルを越えて共通するテーマや読者像を発見できます。売上スリップを見て気づいたことはそのスリップに書き込み、書き込んだスリップは、次にやるべき仕事リストとして使えます。

売れると期待して積んだ書籍が予想以上に売れることもあれば、売れないこともあります。スリップがあれば、それを正しく検証することができます。棚に挿《さ》すとき、平台に積むとき、陳列した日付と冊数をスリップに書き込んでみてください。そうしておけば、POS端末まで移動することなく売場でいつでも、品揃えの一手一手が正しかったのかを客観的に振り返ることができます。そこで疑問が生じたときにPOSデータを調べればいいのです。売場の在庫すべてに数字を記入して観察すると、思った以上に売れていないものが多くて驚くかもしれません。でも、そこを明らかにすれば、あとはひとつひとつを売れそうなものに取り替えていけばいいのです。

みなさんのなかには、「何をしたって、本が売れないご時世だから」といった漠然とした不安やあきらめを感じている人がいるかもしれません。業界の趨勢をみれば、たしかに売上が減少しています。しかし、それがどうしたというのでしょう。会社の売上が悪かろうと、書店員がしょぼくれる理由にはなりません。たとえ来年会社がなくなるとしても、そのときまで楽しく仕事をする自由が書店員にはありますし、お客様は変わらず本を求めてご来店されます。目の前にいるお客様が本を買ってくれた。そのうち何人かのお客様がまた来てくださって、そのときのために揃えておいた本がまた売れた。そんな小さな嬉しい出来事を見逃さずちゃんと味わう方法を持っていればいいのです。

書店員の楽しさ、やりがいは、自分で作ることができます。お客様に気持ちが通じた嬉しさと1冊ぶんの売上が、スリップ1枚ごとに積み上がります。その結果として、店に売上が入り、自分自身のやる気も維持することができます。ただ入荷したものを捌《さば》いて売場に出せ——といわれてやらされる作業は、売れていても売れていなくても、楽しく続けられるものではありません。書店の仕事では「積んでみたが売れなかった」ということはよくあります。そのときにへこたれることなく、「よし、次行ってみよう！」と前向きに気持ちを切り替えて仕事を続けていくために、スリップの技法はあります。

僕は学生アルバイトとして書店に入り、6年間レジと返品、店内整理だけをしながら書店の日常を観察していました。その後、45坪の学生街の店から200坪の郊外店まで、さまざまな書店勤務を経験しました。書店の仕事でいちばん大変なのは、膨大な作業をめげずに毎日繰り返すことだと実感してきました。書店を退職してからは、新刊書店とカフェの複合店「神樂坂モノガタリ」の立ち上げに参加し、現在も書店部門を担当しています。またこの2年半、新刊書店の現場実務の講師として、さまざまな規模、立地の書店に出向きました。そのなかでも、長崎書店（熊本市）には毎月訪問し、継続して関わらせていただいています。それでも、毎日の業務をこなしている書店員のみなさんからすれば、書店勤務を離れた僕がどう言おうと、「外野から何を言ってんだ」と感じることと思います。しかし、ひとつの書店を離れて、さまざまな新刊書店、さまざまな業態での書籍販売に関わらせていただいたからこそ、あらためて書店員の仕事を俯瞰する視点から本書を書くことができたのも事実です。

この『スリップの技法』が書店員の技術のすべてではありませんが、基礎になる考え方は提案できていると信じています。書店員のみなさんがそれぞれに応用していただけることを期待しています。また、書店員ではない読者のみなさんには、書店の品揃えを楽しむ手引きに、ご自身で次に読む本を探すためのご参考にしていただけると嬉しく思います。

目次

第3章 実戦――スリップ60セット113枚にメモを書く

第4章　応用——POSとの連携

第1章　入門

僕はどうやってスリップに出合ったか

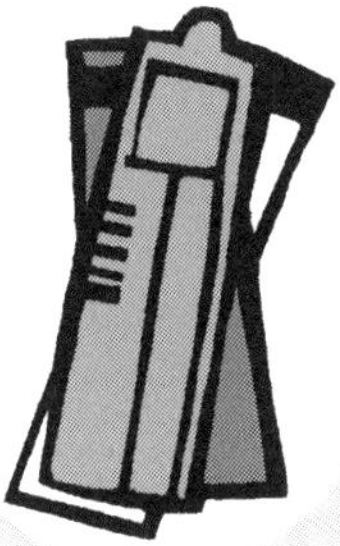

——そんなチンタラした仕事のやり方を1年近く続けていたのですが、あるとき大きく見直すことにしました。きっかけは、アルバイト時代に早稲田店店長だった鈴木さんが会社の専務に昇格して全店の人事を担当することになったときでした。鈴木さんから「お前はいずれ店長になり、独立だってできなくはないと思っていたが、いまのままでは100年たっても無理」と言われて発奮したことがひとつ。もうひとつは、五反田店で当時アルバイトをしていた現在の妻と出会い、何が何でも早く仕事を切り上げて遊びに行きたかったからです。

初体験

僕が初めてスリップをそれと意識して触ったのは、書店にアルバイトで入ってからのことです。1996年の春に、初めてあゆみBOOKS早稲田店の売場に客ではなく働く人として立ったときに、まず副店長の神宮寺克治《かつじ》さんから言い渡された仕事は店内整理でした。整理するときに棚の本からわずかに飛び出しているスリップやあたりに落ちているスリップを挿し直すよう言われました。またある日は、手書きの数字がたくさん並んだスリップの束を手渡され、平積みの本のなかから該当するものを見つけて、その平積みのいちばん下の1冊に戻すようにも言われました。

バックヤードには、そのような平積みスリップの束が段ボール箱いっぱいに保管してありました。聞けば、これまで平積みにして今は売場から外れたものがすべて取ってあるとのことでした。どのジャンルでも歴代の担当者がこのような箱を引き継いでいて、新しいジャンルに配属されたときにはこのスリップを読み込んでお店の傾向やロングセラーの書名を覚えたそうです。神宮寺さんが誇らしげに見せてくれた『自分を知るための哲学入門』(竹田青嗣《せいじ》、ちくま学芸文庫)のスリップには、日付や売れた冊数が何十行もびっしりと書き込まれていて、最後の行には千冊以上売れた記録があったことを覚えています。

書籍に印刷されているISBNコードはバーコード付きと数字だけのものが半々という時代で、お会計のときにはバーコードではなく数字のほうを小さなハンディ・スキャナーで擦《こす》るようにしてレジに読み込むという過渡期でした。チェーンの本部には1台だけPOSシステムのサーバーがあり、ダイヤル回線で各店から売上データを送っていました。週に一度、そのデータをドットインパクト式のプリンターで膨大な紙の束に印字して、店舗を巡回している本部の社員さんが届けて回っていました。そんな調子だったので、POSシステムはまだ日常の在庫管理に使える段階ではなく、早稲田店では売上の把握、在庫管理、仕事の申し送り、他店との売れ筋情報の交換など、さまざまな用途にスリップを使っていました。むしろ、スリップがすべての仕事と人をつなげる道具だったといったほうがいいかもしれません。

店長の鈴木孝信《たかのぶ》さんはいつも昼近くにようやく出社すると、アルバイトの僕に店内整理を指示してレジから追い出し、前日の売上スリップを、指を舐めてめくりながら鋭い眼光で見ていました。束から抜き出されたいくつかには☆印や◎印が赤鉛筆で殴り書きされていて、競馬予想のようでした。実際、たまたま売れたと思えるような1枚や2枚のスリップから何か兆《きざ》しを読み取って、数十冊の追加発注を出し本当に売れることもあり、まさに博打のようでした（後年、僕が店長としてお店を任されるようになっても、たびたび「お前の発注には博才を感じない」と叱られました）。

早稲田店には毎年春に2週間ほど、いくつかの出版社から新入社員が現場研修に来ていました。鈴木さんは毎日、書店業務をひと通り体験した出版社社員さんたちを集めて、前日の売上スリップの束を見せながら講釈を垂れていました。「なぜこの書名ではそそられないのか」、「こんな同じような本ばかりまとめて買うということは、このお客は何にコンプレックスを感じているのか」。鈴木さんは、店を訪れる出版社の営業担当（女性）にもスリップの講釈を垂れていました。僕はそう言った読み解きを盗み聞きしては、書店の仕事とは人の欲望を垣間見ることができる面白いものだなと思い始めていました。

あゆみBOOKS早稲田店で5年間アルバイトをしたあと、三省堂書店に契約社員として入りました。神田本店(現・神保町本店)での研修を経て、八王子店(2007年閉店)に配属され専門書担当になりました。専門書とは、人文、経済、法律、理工、語学、資格を合わせた売場の呼び名で、200坪あった店舗の3割を占めていました。その広い担当売場を、4人のアルバイトさんに手伝ってもらいながら運営するという立場でした。

三省堂書店ではすでに独自のPOSシステムが採用されていて、補充発注は自動化されていました。売上スリップはレジで集めてはいるものの、現場の誰かがそれを見ることはなく、スリップに付いている売上カードを全店ぶんまとめて出版社に送付するという理由で本部の経理部へ送っていました。それまであゆみ流のスリップを使ったやり方しか知らなかった僕は、スリップがないために売場の状況を理解することがなかなかできず困ったことを覚えています。

いっぽう、三省堂書店のPOS端末からは全国各店のデータを単品ごとに見ることができました。あゆみBOOKSとは比べものにならない便利さに感動しました。どの店で何が売れているかがわかり、他店で売れているのに自店では売れていない本に気づくことができるからです。しかし実際は、他店の売上上位に並ぶ銘柄は自店にもあり、全国各店のデータを単品ごとに見ることができることに、さしたる重要性はありませんでした。さすがにナショナル・チェーンの大型店舗はあゆみBOOKSよりも配本数が潤沢だったからです。ただ、僕が担当する売場は広く、ＰＯＳデータが示す売れ筋の新刊を積むだけでは棚前平台に期待されるだけの売上には至っていませんでした。自店で売れているものを掘り下げて品揃えをしたいと考えたとき、他店のＰＯＳデータではなく自店のスリップのほうが随分と便利だと実感しました。

そこで、当時の店長に無理にお願いしてスリップを持ち帰り、八王子から早稲田の自宅に帰る夜の電車内でそれをチェックして、翌朝その束をそっと戻しておくことを日課にしていました。

夜遅くの上り電車は乗客もまばらで、膝の上に乗せたカバンの上でスリップの束をめくる作業も誰にも気兼ねせずにできました。書名、著者名、出版社名や頻繁に書名に使われている単語、そこから気づいたことを大学ノートに書き留めておきました。翌日ＰＯＳデータや書誌検索を使うときに、どの期間のどの書籍の売上を調べるのか、どんな語句で関連書籍の書誌情報やウェブの情報を検索するのかを、前もって整理しておいたのです。スリップから気になるものやキーワードを抜き出しておき、それを元にデータを検索する方法が効率的だと気づいたのは、この頃です。

店には数台ＰＯＳシステムにつながったＰＣ（パソコン）があり、店長と客注担当、事務担当のパートさんたちが使っていました。新入りの契約社員である僕は、できるだけＰＣ作業を手短に済ませなければと遠慮していて、ＰＣから調べ出した書名や売上データをノートに書き写しては、それを持って自分の担当する専門書売場にそそくさと戻りました。

そのノートには僕自身が発注や陳列を行う内容以外にも、専門書チームの4人のアルバイトさんへの指示も書いてあり、「やるべきこと」のチェックリストとしていつもポケットに二つ折りにして入れていました。ただ我流で試行錯誤していただけなので整理されたノート術があったわけではありません。ノートはかさばるので、売上スリップを自由に使えたほうがポケットに収まっていいのになあ……と思っていました。

「チンタラ仕事」を見直すきっかけ

三省堂書店八王子店に1年弱勤務したのち、あゆみBOOKSが五反田店(現・TSUTAYA BOOKSTORE 五反田店)を開店させることになり、正社員として戻りました。その店には、POSによる単品管理と取次の書誌検索データベースが導入されていました。それでも先輩社員たちは、従来からのスリップを使ったやり方で仕事の流れを作っていました。朝いちばんに売上スリップ束を見て、そこから抜き出したスリップを持って売場に出て、仕事の申し送りが必要な相手にはメモ書きしたスリップを手渡す。手渡した相手が退勤する際にスリップを戻してもらうことで、指示した作業が完了したのかどうかを確認する。毎日の基本業務の進行やスタッフ間の伝達といった仕事の流れを、スリップを使うことで確実に組み立てる方法は、POS導入後でも変わりませんでした。

もちろん、先輩たちはそれぞれのやり方に合わせてPOSデータや検索発注システムも活用していました。たとえば、当時あゆみBOOKS瑞江《みずえ》店でコミックスを長年担当していた今井良《りょう》さんは、独自の次月発売コミックス売上予測一覧表を作っていました。発売予定の全タイトルについて、シリーズものなら前巻、前々巻の発売後5日間、1ヶ月間、半年間の自店での販売冊数を調べ、1巻読み切りや新シリーズなら参考にする作品について同じように調べ、その数字から予測される最新刊の発売直後の初動と半年間の動きを一覧表にまとめたものです。ルーズリーフ用紙に丁寧な丸文字でびっしりと書き込まれたものが数年ぶん、バインダーがぶ厚く膨らむほどありました。

それを見た当時、僕は「何もそこまでやらなくても、配本のなりゆき任せでいいじゃない。入荷したものを陳列するだけでも売れるのでは」と思い、今井さんに「そのリスト作りの時間がもったいなくないですか？」と訊きました。その答えは「売場でうろうろする方が無駄じゃない？」というものでした。つまり、前もってデータを整理して頭に入れておけば、売場で品出しするときに迷わず効率的に動ける。発売後の日数の経過と売れ行きの鈍っていく様子が頭のなかでイメージできているので、エンド平台から棚前平台の平積みに、平積みから棚挿しに格下げするべきものを正しく素早く選び出せる。

また、データで新刊の初動を予測しておけば、発売初日に売上スリップを数枚見かけたタイトルについて「意外と売れている」と敏感に察知して、追加発注のタイミングを逸しないのだ――と教えてくれました。書店からの注文冊数の希望が通りにくい新刊コミックスを発注するときは、取次や出版社の営業担当者に対して、過去の販売データを根拠に正しく陳列した売場であると信頼してもらうことが大切だとも言っていました。

五反田店に配属当初の僕は、初めて担当したコミックスのことがわからず、たびたび売場からバックヤードに戻って、POSデータで他店の数字を眺めていました。そのたびに、他の先輩社員たちがめったにバックヤードに戻ってこないのをいいことに、また三省堂時代にあまり端末に触れられなかった反動もあり、ついつい余計な検索をしながらおやつを食べるなど、長時間居座っていました。そんな調子だったので、毎日なかなか品出しが終わらず残業ばかりでした。それに、コミックス売場全体に目配りすることがなかなかできず、頻繁に手入れをする場所と放置してしまう場所が固定化していました。

そんなチンタラした仕事のやり方を1年近く続けていたのですが、あるとき大きく見直すことにしました。きっかけは、アルバイト時代に早稲田店店長だった鈴木さんが会社の専務に昇格して全店の人事を担当することになったときでした。鈴木さんから「お前はいずれ店長になり、独立だってできなくはないと思っていたが、いまのままでは100年たっても無理」と言われて発奮したことがひとつ。もうひとつは、五反田店で当時アルバイトをしていた現在の妻と出会い、何が何でも早く仕事を切り上げて遊びに行きたかったからです。

早稲田店で見聞きしてきたスリップだけを使ったやり方、三省堂時代に我流で編み出したノートとPCを使ったやり方、あゆみ各店の先輩たちのスリップとPOSシステムを併用したやり方のいいところを寄せ集めて、仕事を組み立て直そうと考えました。鈴木さんのようにスリップをにらみ、○印や☆印だけではなく、思いつきをノート代わりにスリップの余白に書き込み、五反田店の先輩たちがそうしていたようにスリップに作業指示を書いてアルバイトさんに手渡し、瑞江店の今井さんの真似をして翌月のコミックス売場の段取りを発売前に考えました。三省堂時代を思い出して、POS端末を使う目的と時間を絞りこむことを意識しました。

そういった試みがすぐに売上に反映されたわけではありませんが、「仕事に追われている」、「片づかない」というストレスを抑えて、ある程度の自信を持って「今日はもう帰って遊んでも大丈夫」と思えるようになりました。やるべき仕事の優先順位を主体的に決める手がかりを持てたからです。この時期に考え出したやり方を土台に、その後に配属された店舗で一緒に働いた先輩たちから学んだことを加えて、僕自身のスリップの技法ができあがってきました。

新人に教える仕組みは

あゆみＢＯＯＫＳでの12年間の正社員時代に、とくに仕事のやり方を真似させてもらった先輩が鈴木さんの他に２人います。２人とも品出しの作業がとても速く、新刊と既刊を組み合わせた平台の品揃えは意外な面白さを感じるアイテムが多く、そのラインナップを変化させるやり方も、印象を変えずに細かく変えることもあれば、ガラッと取り替えることもあり、緩急のつけ方がいろいろとありました。

ひとりは二階堂健二さん。いざ売ろうと仕掛けるときの発注数が大量で、仕掛けで盛り上げたメインの書籍の周りに即席で関連書籍の特集コーナーをあっという間に作ってしまいます。本人の作業する動作自体が速く、売場の変化と相まって、そのダイナミックさが印象的でした。いっぽうで、ロングセラーを根気よく売り続けることもしていました。

ロングセラーになりそうなものを残しつつ平台をガラッと変えるには、その場所から何を外して他の売場へ移動するか、何を棚挿しに残して返品してしまうかを、迷わずに判断する必要があります。二階堂さんはその判断がとにかく速い。平積みからスリップを引き抜いて売れ行きのメモを読み、平台に戻すものは戻し、外すものは脇へどけておく。返品してもいいか判断に迷ったものは、スリップをその場でちぎって注文カードのほうを持っておく。そうすればあとからでも発注し直すことができるのだから、今はとりあえず返品してしまい手を動かすことに集中する。その一連の動作が速く、平台の途中で止まらないのです。

また、棚挿しからピックアップした1点を平積みにして即席でコーナー作りをすると、棚からではなくそのコーナーに組み込んだおかげで売れた——ということを見過ごすときがあります。そうならないために、どのコーナーに陳列したのかをスリップにメモすることはどの店でもよくやりますが、彼はそれを売場で頻繁に書き込んでいました。字はとても汚いのですが、書き込むことも含めて一連の品出し動作の「型」のようなものがあり、それがよどみなく続きます。

もうひとりお手本にしたのは寺田俊一郎さん。ダイナミックな二階堂さんに対して、とても静かな仕事ぶりでした。仕掛けた既刊の売上冊数が他店より群を抜いて目立つといったことは二階堂さんほど多くはありませんでしたが、担当ジャンルの売上がいつも安定していることが印象的でした。寺田さんは売場で棚を見ながら図をよく書いていました。A4のコピー用紙いっぱいに、書名やキーワードをあちこちに散りばめて書き込んだ、地図というか相関図のようなものでした。ジャンルごとのエンド平台やテーマで選書するフェア・コーナーの品揃えを考える土台にしていたようです。その図をもとに平台やフェア棚におおまかなテーマを設定して、棚や書誌データからそのテーマに当てはまりそうな既刊を掘り出しては、2冊ほど平積みにしてみる——といった小さなトライを繰り返していました。注文するべきものをそんなにたくさん、頻繁にどうやって思いつくのかと聞くと、棚から1冊売れて気になったものの、入荷の検品中に見つけたものなど、なんでもスリップをちぎって胸ポケットに入れておくから、ネタには困らないのだと言っていました。

彼らが慣れた手つきでスリップをちぎり胸ポケットに仕舞う動作は、とても職人ぽくてかっこよく感じられ、今もずっと真似をしています。真似はしたのですが、スリップの使い方を体系づけて教えられたことはありません。それを新人に教える仕組みはありませんでした。

スリップとはそもそも何か

スリップはその形から「短冊《たんざく》」とも呼ばれています。縦に細長い紙片を中ほどで折り曲げ、その折り目から書籍の本文用紙の数枚にまたがるようにはさみ込まれています。現在、新刊書店に流通しているほとんどの書籍に採用されているこの短冊は、大正年間に書店の現場で開発され、昭和5年に岩波文庫に正式採用されたものの戦前にはまだ一般的ではなかった――と日本の出版流通の歴史を研究した『書棚と平台』（柴野京子、弘文堂）に書かれています。

スリップを山折りにした中央には、書籍にはさみ込んだとき本の上部から飛び出すように半円の突起が設けられています。その形が坊主頭を連想させることから「ボウズ」と呼ばれるこの部分を、レジで会計をするときに指先でつまみスリップを引き抜きます（ボウズが小さすぎると、引き抜く際にボウズだけがちぎれてしまいます。大きすぎると、折り目の両端とボウズの幅が狭すぎて、棚に在庫している間に破れてしまいます）。

折り目は、長い紙片を二等分する中央にではなく、二つ折りにしたときそれぞれに長短の違いができるようにつくられています。折ったスリップの下端には数センチの差が設けられています。このズレ幅は各出版社でさまざまなのですが、書店の現場での使用を考えたとき、ちょっと不便だなと感じるスリップに出くわすことがあります。下端の差が数ミリしかないスリップだと、一度抜いたものを本に挿し直すことが片手ではやりにくく感じます。長さが違いすぎて、折り返してまたがっている片方が5センチにも満たないものは、立ち読みの際にすぐに抜け落ちてしまいます。どちらもとても困るというわけではありませんが、このどちらでもなく使いやすいスリップを発見したときは、裏側の白紙面を再利用するために保管しています。

現在流通しているほとんどのスリップには、長いほうに「注文カード」、短い方に「売上カード」と表記してあります。注文カードには、書名、著者名、出版社名、本体価格が印刷されています。加えて、ＩＳＢＮコードが文字とバーコードの二通りで記載されています。

注文カードの上部には書店のゴム印を押す欄と注文冊数を記入する欄が設けられています。ゴム印は「番線印」と呼び、書籍を卸す取次(問屋)から各書店に割り当てられている固有の「書店コード」や、取次内での各書店の管轄や倉庫から各書店への流通ラインを表す「番線」が刻印されています。

オンラインで発注データを送信することが普及していない時代には、書店は注文カードに冊数を書き番線印を押して、取次の配送担当者に手渡していました。補充品が入荷したときには、手渡したスリップの現物が書籍にはさまれて戻ってきました。再入荷するたびにスリップに日付印を押しておくと、その商品の回転数や頻度がわかる仕組みでした。

データで発注できるようになってからも、売上チェック、在庫管理、ジャンル担当者からアルバイトさんへの発注作業の申し送りなど、発注入力の直前までのほとんどの工程でスリップが使われていました。発注の際は、紙のスリップに印刷されたＩＳＢＮコードをハンディ・ターミナルのスキャナを使って読み取り、送信するのです。ＰＯＳレジや取次の検索発注システムにアクセスするための機材がまだ高価で一式を揃えることが書店にとって大きな負担だったため、取次がハンディ・ターミナルをリースで提供していました。

売上カードにも書名や著者名などが小さく表記されていますが、送り先(出版社)の所在地や報奨の条件などが大きく書かれているものを多く見ます。書店はスリップを注文カードと売上カードの2つにちぎって分け、売上カードを各出版社ごとに集めておき、定期的に出版社へ送ります。出版社は売上カードを集計して販売状況を推測し、各書店に対して集計枚数に応じた販売協力費(報奨金)を支払う場合があります。

スリップには、それがはさまれているものは出版社や取次から正規に仕入れた新品であることを示す商品管理カードの役割があります。スリップがついていない書籍は、出版社や取次に返品しても受けつけてもらえずに送り戻されてしまうことがあります。僕のようにスリップの注文カードをちぎって手元に残し、売上カードだけを書籍本体に残して返品することや、書き込みをしたまま消していないスリップをつけて返品することは、もしかすると原則としては認められないことかもしれません。返品されたものを他店へ再出荷する出版社の側に立てば、迷惑なことかもしれません。しかし、今のところ苦情や返品の送り戻しといったことには出くわしていません。本書を読まれた出版社、取次の方々には、書店が1冊ごとに根拠をもって商品を扱っているひとつの証拠として、そのような使い方もやむを得ないと堪忍していただけると幸いです。

役割は終わった？

現在では出版社、書店とも、売上管理や発注をオンラインで行うことが多くなり、書店が本を注文したり報奨金を得る、出版社が自社刊行物の売れ行きを把握するといった用途のためにスリップを使用する機会は随分と少なくなりました。売上集計や補充発注といった作業はもちろんデータ化されていたほうが効率がはるかに良く、そのために必要なＰＣや通信回線のコストが下がった現在は、多くの書店にＰＯＳシステムが普及しています。当初想定された用途においてはスリップの役割は終わりつつあるのかもしれません。しかし、発注ツールとしてだけではなく、スリップには後述するように書店の現場で作りあげてきた活用方法があります。その役割においては、より優れた代替手段はまだないと僕は考えています。

注文カードは、書籍のジャンルや担当者ごとに仕分けして束にするお店が多いかと思います。担当者が各自のスリップをチェックして補充発注に使う際に、他の担当者に構わず作業できるという理由が考えられます。規模の小さなお店で棚を見ている人がひとりか2人なら、仕分けをせずにただ売れた順に集めているかもしれません。

現在では、日本出版販売（日販）のNOCS7やトーハンのTONETS-Vなど、レジでの販売記録と店舗の在庫管理、書誌検索と取次への発注が一元管理できるシステムが取次で用意されていて、書店の側は安価なＰＣがあればウェブ上でそれを利用することができます。売れたものを担当者が判断する工程を経ることなく補充発注することができます。そのため、売上スリップはたまに参考に見る程度というお店が増えています。スリップをお会計が終わり次第、すぐに破棄するという書店もあります。書店の売上データは取次のシステムを経て出版社にも送ることができるため、売上カードを送付することも不要だからです。

今、書店のＰＣの画面上には売れた書目と冊数が一覧で表示され、そこに店舗の在庫数、取次倉庫の在庫数や出版社の在庫状況も記載されていて、注文入力欄に数字を入れれば発注も完了します。出版社名や著者名にはリンクが張られていて、クリックすればそのまま書誌データベースにつながります。シリーズ作品の前巻や同じ著者の既刊を調べてついでに発注することもあっという間にできてしまいます。発注にまつわる作業がほぼすべて、ひとつのブラウザ画面上でこなせるとても優れたものです。

しかし、あまりにスムーズに作業が流れてしまうため、手を止めて１冊１冊について売れた理由や、次にどんなものを仕入れて売場を構成するかといったことを考える機会が減ってしまいます。ＰＯＳの売上一覧リストは通常、売上冊数の多い順に――同じ冊数なら発行元別に刊行時期が新しい順に――表示されます。そのため、店の時間に沿った売れ方がわからなくなります。画面上に同じフォントで並んだ情報はのっぺりとした印象で、スクロールし終えると理解したような気になり、本来読み取れるはずの情報すら見過ごしてしまいます。

実際、レジで売れた順やまとめ買いの組み合わせがそのままの状態で束にしてある売上スリップのほうが表情豊かで、蓄積されたＰＯＳデータを参照するのとは別の点で情報が多く読み取れます。スリップは１枚ごとに特徴があります。たとえ日付やメモが書かれていなくても、ボウズが日焼けして色あせているかクタクタに折り目がついていれば、随分長く棚に売れ残っていたものがようやく売れたとホッとします。スリップがカビ臭いか消毒薬臭いと感じるときは、この出版社の倉庫はどんなところなのか、この本はどのくらい出荷されずに倉庫に眠っていたのかと想像します。ボウズの脇から裂けてしまったスリップが何枚も続けて現れると、この時間帯はスリップを抜き取る手加減もできないほどレジが混雑したのかと察せられて、担当のアルバイトに労いの言葉のひとつもかけてあげたくなります。自分が期待をかけて仕掛けた書籍が売れたことは、スリップで手にしたときにより一層嬉しく感じます。実際、あゆみＢＯＯＫＳ高円寺店（現・文禄堂高円寺店）の佐々木修一店長は、全店舗で自分がいちばん多く売っている書籍のスリップを壁一面に貼っていくことで気分を高めていました。

スリップは何通りもの仕分けや並べ替えを自由にできる点で、ＰＯＳ画面より便利です。「棚卸しが終わったら発注」、「発注しないが、このテーマで今後の新刊に期待」、「売れたことを来月の店長会議で自慢する」、「給料が出たら自分も買いたい」など、すぐに発注する以外のさまざまな目的別グループに分けて保管することができます。売上スリップの束を「棚挿しと平積み」や「どの書店も一般的に在庫しておくべきだから仕入れたものと、自分が意図的に仕入れたもの」などに仕分けして、売れ方の比率を厚みで確認することができます。ＰＯＳデータでこれをやるには、エクセルにコピーしていくつもファイルを作ることになり、あとでふいに内容を見たくなったときにも何か端末が必要です。

スリップを1枚ごとにめくり、書き込むといった自分の手を動かす行為をすることで、情報をより確かに記憶に刻むことができます。レジで販売した1日の順を追いながら、買った人のこと、売上スリップのなかでたびたび目にする「時短」や「フランス人に学ぶ」といった流行のキーワード、「孤独」や「死と向き合う」「親子」といった普遍的なテーマを組み合わせて想像していると、そのテーマと読者像に合う既刊を思い出し、その既刊が店にある新刊とうまく組み合わさるような平台の並べ方を考えるきっかけになります。僕の頭のなかに書籍の知識や並べ方のセンスが前もって備わっていたわけではなく、何かが売れるたびに次の手をスリップから考え、それを試してみた結果をまたスリップで記憶に刻み込んできたのです。スリップは「昨日売れた」という根拠となって次に売れそうなものや方法を考える道具になります。

また、そのスリップを持って売場のどこへでも行けることも重要です。POS端末での作業が増えれば、それだけバックヤードに籠《こも》る時間が長くなります。実際には、売場でやるべきことがたくさん残されているはずです。店内は繰り返し整理していなければすぐに散らかってしまいます。整理しながら頻繁に平積みを触っていると、今しがた売上スリップで見かけたものがどう置かれているかを見直すことになります。ついさっきレジで見かけて、今、あなたの胸ポケットに入っているスリップにあるまとめ買いの例を参考にすると、もっと面白くてついで買いを誘いそうな並べ方に気づき、その場で並べ替えることができます。

自店のPOSデータも取次が提供してくれる全国の売上データも、すでに売れたものしか示してくれません。もちろん、リストの上位に登場するような銘柄が自店で品切れしていないかチェックすることには役立ちます。しかしこういったデータからは、「売れなかったもの」、「まだ売れていないが、やり方次第でこれから売れるもの」が何なのかは読み取りづらいのです。

POSシステムが普及し、売れたものをスリップで把握する習慣が消えつつあることで、まだ売れていないものを発見できるスリップの活用法まで一緒に消えてしまうのは、とても惜しいことです。平積みや棚挿しに挟んだスリップに数字やメモを書き込むことで、売場はもっとはっきりと読み取れるものになります。スリップに何も書かれていなければ、売場は「のっぺらぼう」のように感じます。書店という販売装置のなかで商品がどういう状況にあるかは、自分の手でスリップに数字やメモを書かなければわかりません。POSデータを参照できるハンディ・ターミナルを手に持って品出しをするのもひとつの手かもしれませんが、スリップを使うほうが作業の妨げになりにくく、費用もかかりません。

まだ売れていないものを売れるように仕向けるにはどうすればいいのか。たった1冊棚から売れたものに目をつけてもっと売り伸ばすにはどうすればいいのか。それを考えることこそ、売上スリップを読み解くことのいちばん大切な意味だと思います。

ここまでに「スリップとは何か」「スリップにはどのような機能やメリットがあるのか」、その概略をご説明しました。次章では、書店の日々の仕事のなかで、いつ、どのように、どんなスリップを挿し、数字やメモを書き込み、そのスリップを読むのかを、時間の流れに沿って説明します。

第2章　基礎

書店員24時「いつ、どこでスリップに触る」

――昨日の全ジャンルのスリップと、毎日出版社からどんどんとＦＡＸ送信されてくる新刊案内の束を持って、僕はレジに入ります。お会計の合間にレジ・カウンターの上でスリップをチェックしつつ、気になる書目に出合ったら、レジを離れて棚まで見に行き、すぐに戻ります。バックヤードの静かな場所ではなく、ひっきりなしに来客のあるレジ・カウンターで作業する理由は、座ると居眠りをするからです。それに、売場の現物やお客様の顔とスリップを見比べているほうが想像がたくましくなり、楽しいからです。

この章では書店員の一日の仕事を時間に沿って書いていきます。本書のテーマである「スリップ」がどのタイミングで登場し、それをどう使うのかを意識して書いてあります。モデルにした店は僕が4年前まで店長を務めていたあゆみＢＯＯＫＳ小石川店（２０１７年3月閉店）です。東京ドームから徒歩5分、通りに面したビルの1階、古くからの住宅街を商圏に持つ68坪の店でした。そういう本を求められるお客さまが多かったので、店の規模の割には高めの人文書が売れる傾向にありましたが、雑誌もコミックスも文庫も実用も売れるバランスの良い店だったと思います。カフェを併設したり、おしゃれな雑貨を売ったりという「今風」の装いは何もしていない「普通の街の本屋」でした。この店の一日は、多くの書店員のみなさんの一日と重なる部分は多いと思います。

起きてから店に着くまで

店の勤務シフトには早番と遅番があり、月に21回の出勤日のうち7回ほどは遅番を担当します。この章では、ひとまず僕が早番で出社する日について書きます。起床は6時半ごろ。いつも家を出るギリギリまで寝ていて、朝食はサッとパンを食べるくらいで、ゆっくり新聞朝刊を読む時間はありません。そもそも、新聞は店で購読していて、自宅では契約していませんでした。

通勤は45分ほど。電車に乗っている時間は30分弱で、まとまった分量の読書をできるほどではありません。僕は小説や批評などを読むときは時間をかけて集中したい性分なので、夜に読みます。通勤中は、文章がさほどむずかしくない新書か、新潮社の『波』や岩波書店の『図書』といったＰＲ誌か、各社の出版目録をよく読んでいます。ＰＲ誌には、各社の新刊について著者自身の解説や他の作家からの推薦文が寄せられていて、まだ内容を把握していなかった新刊について大まかに理解できたり、ＰＲ誌の文中から関連書籍を抜き出して発注したり、ＰＯＰを書くヒントにすることもあります。目録を読むことも品揃えの参考になりますが、こちらはすぐ発注するためにというよりは、パズルをしているうちに著者やテーマを覚えてしまうという遊びです。目録をパラパラとめくりながら、興味を惹《ひ》かれたタイトルがあれば、それと並べて積むと良さそうなものを探して3冊、7冊、20冊など、頭のなかでいろいろな陳列を想像します。電車のなかでナンプレを解いて脳を刺激しているおじさんと同じようなものです。手元に紙の目録を持っていないときは、スマートフォンに入っているkindle版の電子目録を読むこともあります。

　中吊り広告や、ドア横の広告、ドアのステッカー広告も眺めています。中吊りは、週刊誌の広告ならどんな見出しの言葉が並んでいるか、文庫の広告なら各社のラインナップのうちどのタイトルが大きな文字でプッシュされているか、そのタイトルは自店にちゃんと在庫されているか——といったことを考えながら眺めています。ドア横の広告も同じように見ています。大和書房やサンマーク出版、かんき出版など、ドア横に広告を頻繁に出す出版社が売ろうと仕掛けているタイトルを見て、出社したあとでビジネス書エンド平台の在庫を確認します。最近は文響社が積極的にこの広告枠を使って仕掛けてくるな——と気づくこともあります。ドア横で書籍広告を見かけることは、ＪＲ山手線や総武線のほうが地下鉄よりも多く、たまに通勤経路を変えると仕事に役立ちます。

　月に2~3回ほど、会社には言っていませんでしたが、自転車で通勤していました。ただ気晴らしがしたくて始めたことなのですが、書店員の職業病ともいわれる腰痛が劇的に良くなり、仕事に直結するメリットがありました。自転車で走るのはおもに外苑西通りで、その道すがら広尾や青山のオープンカフェで読書する美人をよく見かけました。そのたびに、セレブ美人はいったい何を読んでいるのか？そんなセレブ美人に本をおすすめして仲良くなれる日はくるのか？　など、妄想でやる気を高めながら会社を目指します。

開店前

8時に早番社員とアルバイトさんが出社します。9時の開店までに、店内の清掃と、入荷した雑誌と書籍を開梱してしまわなければいけません。荷物は未明のうちにルート配送のドライバーさんが合鍵で入店して置いていってくれます。今日発売の雑誌とムック、コミックスがビニール・パックでおよそ100梱包、書籍の注文品が段ボール箱で20個ほど。午後1時頃には、また別の便で書籍や文庫の新刊が届きます。作業が始まってしまうとお昼まで息をつく暇もありません。店長の僕は、皆よりも15分だけ早く出社して、昨日のスリップを確認しておきます。

昨晩の遅番アルバイトさんが、レジ精算をして売上日報を作り、レジに貯まった売上スリップを輪ゴムで束にして、それらをデスクの上に並べてくれています。スリップ束の厚みでおおよその売れ行きを感じ取りながら、日報にざっと目を通して売上金額とレジ精算の過不足を確認します。スリップの束は6つ。文庫、コミックス、それ以外の書籍全ジャンルという3グループに分けてあり、それぞれ17時を境に前半と後半の束があります。平日ならたいてい、後半の束が厚く、週末なら前半の束が厚い。金曜は後半の書籍スリップ束が膨れ上がる。それがいつもの傾向ですが、雨が降ったり、スポーツのテレビ中継でビッグゲームがあったりすると、期待通りの厚みにならないことはよくあります。

皆が出社してくるまでの15分間に、書籍の売上スリップ束だけでも目を通しておきます。束のスリップを手早くめくり、一日の流れを確認する程度です。スリップを見るというよりは、札束を数えているような気分です。文庫やコミックスの束までは目を通す時間がないこともよくあります。

そのうち、皆が出社してきます。早番社員は僕ともう1人、それにアルバイトさんが1人、この3人で始めます。午後から、遅番の社員がもう1人。社員の誰かが公休日なら、朝は2人でどうにか仕事をやりくりします。アルバイトさんに店内清掃を頼み、社員2人はまず雑誌の開梱から始めます。

雑誌梱包の結束バンドを切り、ビニールを剥《は》ぎ取りゴミ袋へ放り込み、雑誌を台車の上へ積み上げる。ひたすら無心に動作に集中します。野球の素振りか空手の「形」のようなもので、無駄のない動きがビシッと決まると、単純に繰り返すことが楽しくなってきます。それに、怪我をしないで済みます。雑誌のビニール梱包をひとつ開けるたびに、カッターやハサミを手に持ち、結束バンドを切り、置き、雑誌を運び、また切り……と動作が複雑になると、指先を切る原因になります。僕自身、親指を5針縫う羽目になったことがあります。剥ぎ取ったビニール袋を周囲の床に散らかしたままにしていたせいで、雑誌を両手いっぱいに抱えた同僚がそれを踏み、滑って腰を痛めたこともあります。そうならないように、すべてのバンドを先に切ってビニールもただちに回収してしまいます。

冬になり乾燥すると、みなさんも紙で指先を切ることがたびたびあるのではないでしょうか。とくに女性誌のグラビア・ページは紙が丈夫で縁は目の細かいノコギリのようですから、付録を組みつけるときにそこでうっかり指先を切ると鈍い痛みが後を引きます。爪と指先の隙間を切ると、一日気になってたまったものではありません。だから、スムーズな動作で作業を終わらせることに集中します。「なんで今日もこんなに発売が多いんだよ」とか「あれもこれも付録組みかよ」などと考え始めたら、朝からうんざりしてしまいますから、考えない。付録の組み込みが必要な雑誌や、ビニールでパックするコミックスの新刊は、最初の数時間で売れそうな最低限の冊数だけ先に売場に出しておき、残りの作業はあとでアルバイトさんにやってもらいます。

雑誌をそれぞれの売場に仮置きしたら、次は書籍の注文品を開けます。段ボール箱から出し、ひとまず作業用ブックトラック（移動式棚）に背表紙が見えるように並べておきます。

雑誌の陳列を始める前に、まずお客様に定期購読してもらっているものを抜き出します。あゆみBOOKS小石川店では、個人のお客様が購読しているNHKの語学や趣味のテキスト雑誌がもっとも多く、次は病院の待合室に置かれる「週刊文春」、「週刊新潮」、「アエラ」などの週刊誌、その次に美容室に置かれる女性ファッション誌が続きます。NHKテキストの購読者は30名ほどで、ご年配の方が多く、あとは中学生が数人でした。小石川界隈は病院が多く、そのうちの5軒に届けていました。そのうちいちばん大きな病院は主だった週刊誌10点ほどを3つのフロアにそれぞれひと揃い置いてくれていたので、かなりの売上になりました。美容院も女性ファッション誌を中心に毎月10誌ほど購読してくれていましたが、2軒ほど。定期購読全体の規模は、他の店に比べてさほど大きくはありませんでした。

購読者数が一定しないのは、デアゴスティーニ・ジャパンの「週刊ロビ」や「週刊マイ3Dプリンター」

といったパートワークや、「週刊日本の城」のような分冊百科シリーズです。シリーズ刊行開始直後は10件以上の定期購読が申し込まれることもよくありましたが、号数を重ねるごとに購読者がどんどん減るのが常で、小石川店で最後まで買い続けた人は、どのシリーズでも1人か2人です。他の書店も状況は似ているようで、出版社もそれを見越して、毎号、刷る部数を減らします。そうなると困るのが、入荷した品物が傷ついていたときの対応です。パートワークは紙箱に冊子と付録が入ったものが多く、その箱の角がつぶれることがたびたび起きます。パッケージの傷《いた》みを見つけて取次に代替品を依頼しても、そもそも製造数が少ないため在庫切れで手に入らないこともあります。その場合は出版社に注文するのですが、日数がかかり、入荷を待っているうちに次号が発売となってしまいます。パートワークは毎号の冊子にある解説を見ながら付録の部品を順に組み上げていくものが多いので、待たされた上に順序が前後すると、やる気を失ってしまうお客様もいます。こういった送品事故をきっかけにお客様のご来店頻度が落ち、そのうちご連絡が取れなくなり、とはいえ書店としてはいつかまとめて買ってくださるかもしれないと期待して毎週取り置き、かさばる箱型の品物がレジ・カウンターの後ろの棚にただただ溜まっていくケースもあります。パートワークは少量生産の時期に入ると買い切り制に移行して返品できなくなることが多いので、毎号事故なく入荷するかどうかは心配の種です。

次に、箱から出した書籍のなかから、お客様から注文を受けて仕入れたもの（客注品）を探しレジに取り置いておきます。この時点でもう開店の時刻です。客注品以外の本の陳列は開店後に営業しながらの作業になります。

「雑誌スリップ」の使い方

9時になり開店してお客様も入っていますが、ここから雑誌を平台や面陳什器に陳列していきます。その前に、雑誌スリップの束をエプロンのポケットに入れておきます。月刊や週刊などの雑誌には普通、スリップはついていません。そういった定期雑誌にもスリップを作ってはさんでいるのです。といっても1冊づつにではなく、書籍の平積みと同じ要領で、面陳のいちばんうしろや平積みの底の1冊に入れます。

雑誌スリップは、不要になった書籍スリップの裏面を利用して作ります。レジで回収しチェックし終わった書籍の売上スリップは、捨てずに裏返しにしてお店の共用備品としてストックしておきます。メモ用紙に使う、タイムカードに挟んで他のスタッフへの置き手紙にするなど、さまざまな活用方法があります。特にコミックス単行本のスリップは横幅が広くて使いやすく、『ONE PIECE』(尾田栄一郎、集英社)や『NARUTO』(岸本斉史《まさし》、集英社)などの新刊が発売されたあとは、一度に同じ色、形のものが大量に手に入ります。

雑誌スリップは雑誌1タイトルに1枚用意し、毎号の発売日、入荷数、特集タイトルなど目立つ特徴を一言、返品したときにはその日付と冊数を書きます。次号が出たときには同じスリップの下の行にその日付、入荷数、特集タイトルや表紙のタレント名などを、前号と同じように書き加えていきます。

雑誌スリップの例

定期刊行の雑誌は１枚のスリップに毎月の入荷数と経過を順に書いている。
紛失することもあるが気にせずまた新しく作る。
雑誌コードを併記しているのは、スリップに記入したものよりも古い売上データをPOSで参照するときのため。

雑誌名と雑誌コード

在庫数－総入荷数－売れ数

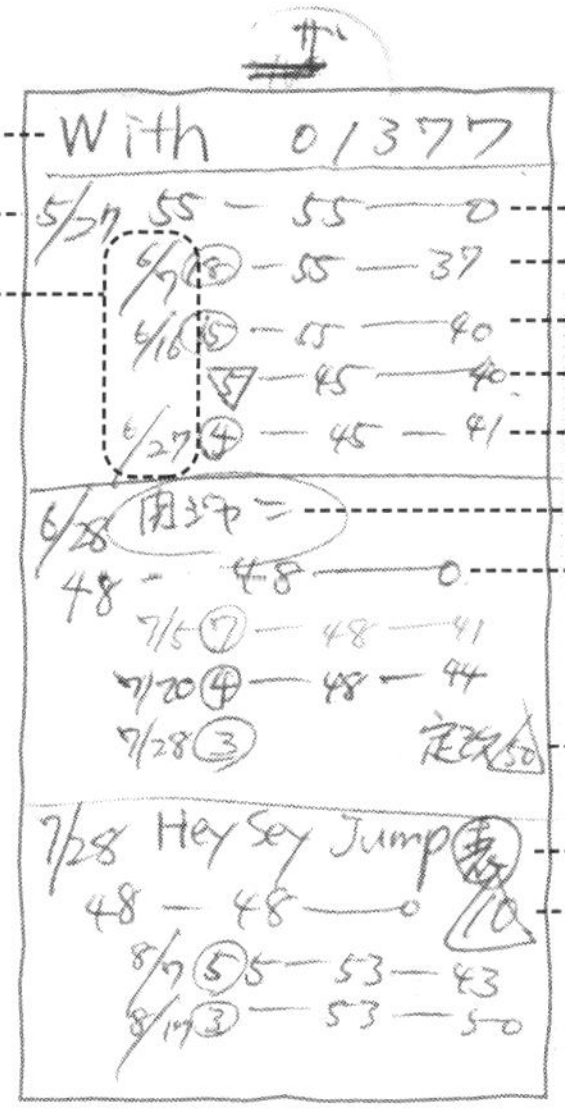

入荷日

・平積みの場所を大きく変更したとき
・返品して店頭在庫数を減らしたとき
・追加で入荷したものを積み足したとき
・次号が発売されて陳列を終了するとき

上記のような作業をした際に、その日付と冊数を書き込む。他の雑誌が入荷して平台の並べ替えをする際に記入することが多い。

○＝店頭在庫数
▽＝次号発売まで５冊あれば足りると判断し、6/16に10冊返品して店頭在庫を「５冊」にした。

取次からの配本数が前号（55）から48に減った。たが、関ジャニ特集号なので在庫数が心許ない。「定改 50」は取次に改正を依頼した定期配本数。

Hey! Say! JUMP が表紙。だが配本数は前回と同じ。表紙買いの需要を予測し10冊を電話注文（△印）。

注・『Pen』や『BRUTUS』、『週刊ダイヤモンド』や『週刊東洋経済』など、特集によって売れ行きが大きく異なる雑誌は、書籍単行本の平積みと同じように、平積みひとつに１枚のスリップを作り、長期間の販売経過を記録する。

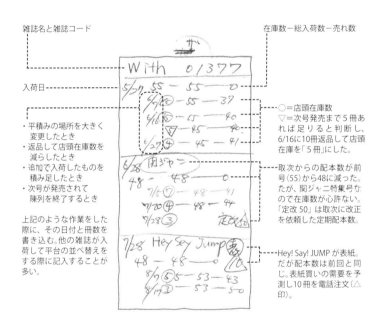

バックヤードのデスクには、その雑誌スリップが貯めてあります。まだ売場に残っている前号にはスリップがはさまっていますが、最新号の入荷を待たずに売り切れたもののスリップは、レジで集めている売上スリップの束を経由して、デスクに取り分けてあります。また、次号の発売を待たずに返品するときにもスリップを回収してあり、それもデスクの束に入っています。デスクの上の雑誌スリップ束から今日入ってきたタイトルを選び出し、前号の記録の下に新しい日付と入荷数を書き加えていきます。書き込みを終えた雑誌スリップは、今日入ってきたタイトルに挟み込んでいきます。

雑誌スリップはよくなくなります。売場で脱落したり、販売するときに誤ってつけたままお渡ししたり。前号まで使っていたスリップがあるに越したことはありませんが、細かなことは気にせずに新しく作りながら品出しを続けます。

雑誌にまでスリップをつけているというと、時間をかけて馬鹿丁寧な仕事をしているように思われるかもしれませんが、そうではありません。スリップをつけると雑誌をロングセラーにすることができます。『BRUTUS』（マガジンハウス）、『Pen』（CCCメディアハウス）、『男の隠れ家』（三栄書房）や『散歩の達人』（交通新聞社）など、1テーマの特集に力を入れた雑誌は、書籍やムックと同じように翌月以降も長く売れます。僕はどの雑誌に対しても、売れる要素を探して長期販売を見越した数を追加発注したいと思っています。こうして意図的に長く平積みにしているものが書店の店頭には点在しているのですが、雑誌売場にはジャンルごとの担当というものがなく、社員が交替で触るため、みんなが参照できる共通の基準を現物に仕込んでおくことで、間違って返品してしまうことが減るのです。

同僚は、僕が追加発注したことをスリップから確認して返品せずに置いておく、または僕がしつこく置き続けていることを知っているが売れ行きが止まっているのは明らかだから返品する。作業の手元だけでなく左右を見渡せば、ロングセラーの雑誌バックナンバーはいくつも積んであり、それだけではなくムックや発売から1ヶ月に満たない最新号ももちろん積んであります。それらの販売日数や売れた冊数を比較して、多くの平積みのなかからもっとも売れていないと判断したものから順に返品しなければいけません。もしスリップがなく、この雑誌は返品したほうがよいのかどうか迷うたびにバックヤードのPOS端末に雑誌の売れ行きデータを参照しに行けと言われたら、かなり面倒です。

雑誌の陳列が終わったら、先に箱から出しておいた書籍の注文品を捌《さば》きます。伝票と現物を照らし合わせ、平積みや面陳のものと、棚挿しから売れて再び棚に挿す1冊のものにまず分けます。

平積み、面陳の補充品を見渡すと、すでに陳列されている場所に積み増せばいいものがいくつかあります。誰の担当ジャンルのものかは関係なく、すぐに出せるものは出してしまいます。まだ売場に置き場所ができていないものでも、担当者が公休のときや忙しくて手が回らないときには、他の誰かがひとまず品出しすることがあります。平積みや面陳のいちばん下の1冊には、最初に品出しした際に日付と数字を書き入れたスリップを挿してあります。店のみんなで書き方を統一してあるので、誰かが代わりに品出しをしてくれていても、担当者はあとから入荷数や日付を確認することができます。

「必備スリップ」の機能

荷捌きに戻って、ブックトラックに残った棚挿しのものに「必備スリップ」をはさみ込んでいきます。

必備スリップは、書籍にもともと出版社が付けたスリップとは別に、取次に依頼してプリントアウトしてもらったものです。書名や著者名、出版社名に加えて、自店の書店コードと前回発注日付、回転数、次回発注する際に回転数を加算するために必要な管理用バーコードが印刷されています。初めて店に入荷した書籍には付きませんが、一度売れて補充発注する際にPOSシステムで「必備」という発注区分を指定して注文データを送信すると、自動的にこの必備スリップがプリントされ補充品の箱に同梱されるようになります。この必備スリップを棚挿しの書籍にはさんでおけば、棚から売れて再発注し棚に補充するというサイクルが何度回転したのかがすぐにわかります。また、棚から抜き出して見るまでもなく、棚に並んだボウズを見渡すだけで、初めて棚に挿した書籍と、一度は棚で回転したものを見分けることができます。

無造作に束で放り込まれている一箱分の必備スリップを山折りにしながら、該当する書籍を探し、出版社スリップに重ねて挿していきます。このとき、どの必備スリップも回転数の欄を見ながら折り、書籍を手にとってはさみ込むときに奥付の刷数の欄を見ています。自店の棚挿しからお客様に選び取られる頻度と出版社で増刷される回数は、必ずしもはっきりとした関係があるわけではありませんが、自店と一般の市場で長く売れる傾向が同じなのか異なるのか、さまざまなパターンを記憶に刷り込む習慣を身につけることができます。奥付の刷数が少ないわりに必備スリップの回転数が多ければ、他店にはない自店独自のロングセラーを発掘して売り伸ばすきっかけになります。

必備スリップの例

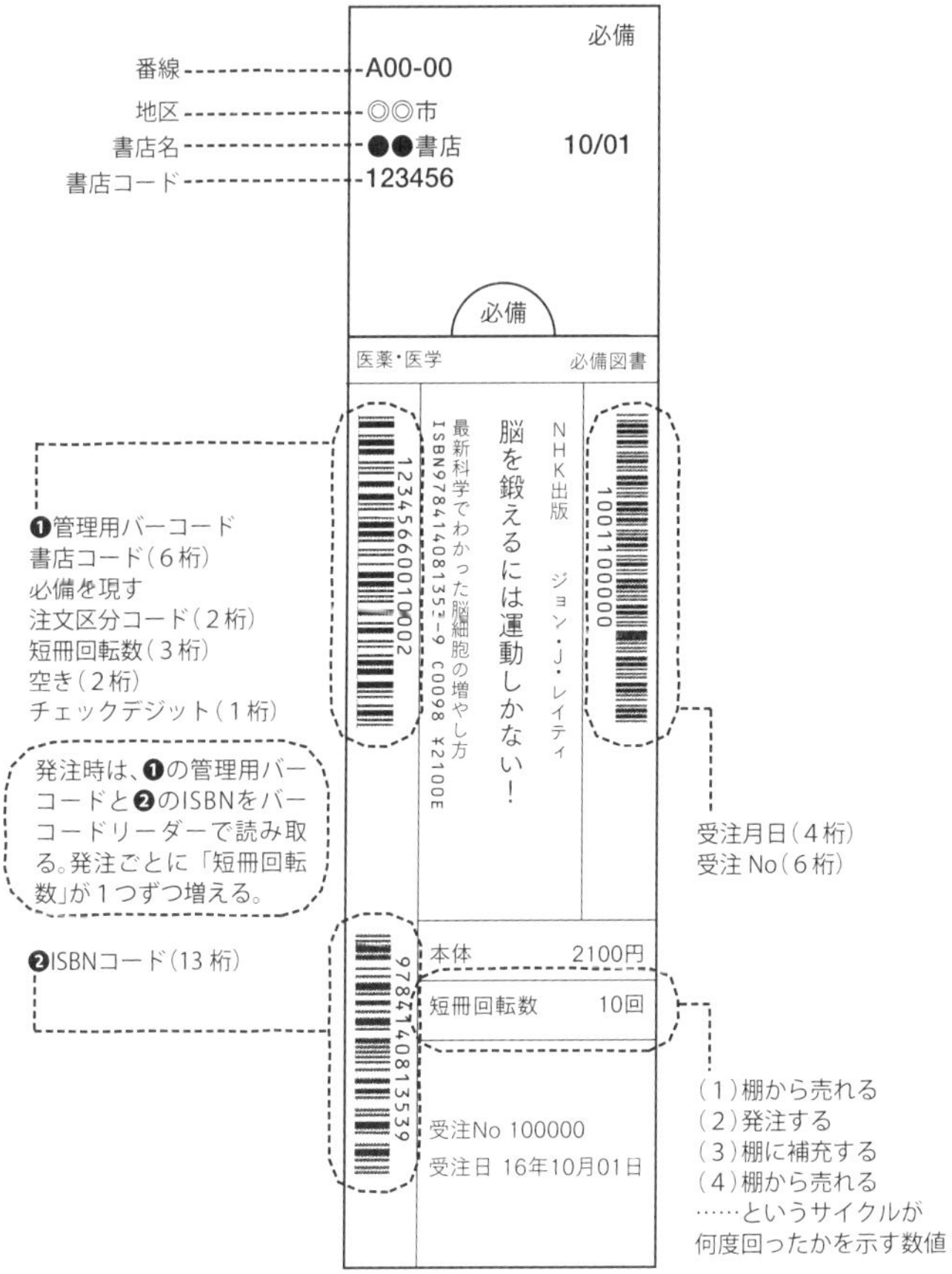

（注・久禮さんのメモを元に編集部で作成）

書籍の仕分けが終わった頃には、レジ番のアルバイトさんに依頼してあった付録つき雑誌とコミックスのパックもできあがっています。それらを平積みに上乗せしてレジ周りが片づいてきたあたりで正午を迎えます。アルバイトさんと同僚はお昼の休憩に出ます。ちょうど遅番社員が出社し、バックヤードで控えてくれています。

正午のレジでスリップを見る

昨日の全ジャンルのスリップと、毎日出版社からどんどんとFAX送信されてくる新刊案内の束を持って、僕はレジに入ります。お会計の合間にレジ・カウンターの上でスリップをチェックしつつ、気になる書目に出合ったら、レジを離れて棚まで見に行き、すぐに戻ります。バックヤードの静かな場所ではなく、ひっきりなしに来客のあるレジ・カウンターで作業する理由は、座ると居眠りをするからです。それに、売場の現物やお客様の顔とスリップを見比べているほうが想像がたくましくなり、楽しいからです。POSやウェブにつながった端末の前にいると、気になる書目に出合うたびに過去の売上数のチェックや関連情報の検索に注意が逸れます。その作業もあとでやるのですが、今は手元のスリップの束のなかで起きている出来事に集中します。

レジでお会計をするときには、書籍をお客様から受け取り、バーコードを読み取る際にスリップのボウズをつまんで抜き取ります。抜き取ったスリップは裏返しにして、収納場所に重ねて入れていきます。3冊以上まとめてお買い上げくださったら、できるだけそのスリップを輪ゴムかステープラーでとめておくよう、どのスタッフにも頼んであります。余裕があれば2冊のまとめ買いでもセロハンテープで貼り合わせてくれることもあります。

13時にアルバイトさんが休憩を終え、そのまま店内整理をします。お店の平積みをくまなく整え埃《ほこり》を払って一周するのを待ってレジを交替します。僕は12時にレジに入ってからの90分間に、1日分のスリップとFAXをチェックし終えます。のちほどPOSやウェブで確認するべき事柄はスリップにメモしておき、一旦作業を終えます。同じ頃、書籍の新刊が届きます。段ボール箱で数個から15箱くらい、日によってさまざまです。新刊の開梱と検品は遅番の同僚に任せ、僕は休憩に出ます。

休憩時間にしていること

食事は家から持ってきた弁当か、近所で手早く済ませられる丼ものが多く、食後はよく歩いていました。数百メートルの距離にあった競合店のあおい書店と丸善を覗き、そのあとは日によってルートを変えて店の周辺の人通りや店舗、住居の様子を見て回りました。大きな声では言えませんが、店でよくお見かけするお客様が歩いていると、視界に捉《とら》えながら同じ方向を目指して歩くこともありました。あのコミックスをよく買ってくれるお客様が近くのオフィスビルに入っていく。『NHK趣味の園芸』を定期購読しているマダムが坂を登って住宅街の奥へ歩いていく。近所のビルにご勤務かと思っていた女性が意外にも幼稚園児を自転車に乗せてスーパーに向かっていく（あとを付いていく……わけではありません）。

日によってはすぐ近くの東京ドームで野球の試合やコンサートがあり、夜の本番より随分前の昼間から、一見して○○のファンとわかる身なりの人々が歩いていることもあります。彼らは何をして時間をつぶしているのか、書店に立ち寄るだろうか。そんな様子を眺めています。商圏の研究というほどの意識はなく、ただ他人の行動を覗き見るのが楽しいというくらいのものです。自転車に乗って出社した日には、休憩の残り30分ほどでどこまで行って戻れるのかを試すこともありました。ただの気晴らしですが、池袋や大塚、秋葉原など意外と遠くまで行けることがあり、日頃は徒歩を基準にとらえている小石川店の商圏が、考えていたよりも広いと感じることもありました。

なぜ店内を「回る」のか

休憩から戻ると14時半。ほんの1時間前にアルバイトさんが店内を整理して回ったばかりですが、さっそく散らかっています。お客様が手に取って平積みに戻すと、上の1冊は少しずれます。高い棚に手を伸ばそうとお客様が身を前に乗り出すと、足が平積みを押してしまいます。立ち読みされた本は、スリップが少し飛び出し、帯が高い位置にずり上がります。何度整理してもすぐにそうなってしまうものですが、嫌な気持ちにはなりません。それだけ入店する人が多く頻繁に興味を持って手に取った痕跡だと考えれば、嬉しいとさえ思います。それは、お客様の行動を読み取るヒントがたくさん落ちているようなものだからです。よく売れるとまではいかなくても、少なくともお客様がよく触るのか触りもしないのかを、棚や平台から見てとることができます。

店の正面入口は、雨が降らないかぎり自動ドアを全開にしていました。おもてを歩いている人々に抵抗感なくふらりと立ち寄ってほしいからです。ただし、いつも全開なので道路の粉塵や店内カーペットの埃が舞い上がってしまいます。一日のうちにも何度かはたきがけをしないと、平積みの表紙に埃《ほこり》がうっすらと付着してしまいます。頻繁に手に取られるものには埃も積もりませんが、店内整理をして回っているとたまに資格書平台の隅などに埃の積もった平積みを発見してしまいます。そうすると、「はーん、文庫も語学も資格も担当している彼は、いつもこの資格書売場を後回しにして手入れできていないらしい」と気づき、「たまには仕事の順序を変えるといいよ」と声をかけます。

アルバイト、社員とも休憩から戻ったら整理して回るという習慣には、頻繁に警備巡回するという目的もあります。発生してしまった万引きに対処するよりも未然に防ぐことのほうが、店にとっても盗みを思いとどまれた人にとっても、コストやリスクが小さく、精神衛生の面でも重要です。逃走した万引き犯を追いかけて逆襲にあった、捕まえたのはいいが警察署に同行して丸1日調書作成に付き合わされたといった経験をした書店員の方々も多いのではないでしょうか。僕自身、どちらも同じ目にあいました。そうなるくらいなら、前もって笑顔でお客様の目を見て挨拶して回っておいたほうが、よほどいいのです。手早く店内整理をしつつ一巡し、夜の営業中に釣り銭を切らさないように15時までに銀行へ両替に行きます。もう1人の早番社員は、近隣のお得意様へ配達に出ます。

15分間の新刊講評

遅番が新刊を開け終わり僕たちが両替や配達を済ませて、ようやく3人が顔を揃《そろ》えるのが15時過ぎ。

16時には遅番社員は休憩に出てしまうので、それまでに15〜20分ほどを都合して、みんなで今日の新刊の話をします。先に箱を開けた遅番の彼が、「俺はこれに気づいている」というアピールとして、いくつか注目の新刊のスリップをわずかに飛び出させています。担当していないジャンルに売れそうだと注目している書目があればお互いに教えあいます。注目の単行本の発売に合わせて、同じ著者の既刊やテーマが関連していて売れそうな文庫があれば、文庫担当者に注文してくれと指示します。

書籍によっては、この店ではどこに積むともっとも売れるのかをすぐに判断できない場合がよくあります。たとえばタレントでファッションモデルのROLA（ローラ）が書いた『SPEAK ENGLISH WITH ME!』（KADOKAWA）が入荷してきた場合を考えます。語学書担当の同僚は自分の売場に平積みにしていいかと問います。僕は自分の担当する趣味実用コーナーに積んだほうがいいと答えます。英会話を勉強しようと考えて参考書を探すほどはっきりと目的意識がまだない女性の目にとまる場所に積むほうがいいからです。同僚は、奥まった趣味実用コーナーに積むと話題になりそうなこの本が目立たないかもしれないと反論します。もしそうなら、語学書の棚だって同じくらい奥まった場所にあります。ではメイン平台に積めばいいかといえば、品揃えの傾向から浮いてしまう。そこでもうひとりの同僚が、女性ファッション誌の平積みをひとつ外して、そこに積むのがふさわしいのではないかと意見を出します。それなら良さそうだと意見が一致しました。そのぶん女性誌の発売が集中する時期には平積みの取捨選択にますます悩むかもしれませんが、それでもローラのためにその場所を与えようという意思を確認しあえました。これでローラは邪魔者扱いされてあっさり返品されることはなくなります。こういった打ち合わせを、新刊を一緒に見ながらします。

しかし、この新刊講評の時間を取れないこともあります。僕が先に自分の担当する新刊の品出しを始めてしまう場合は、いくつか僕が注目している新刊のスリップをちぎり、売上カードに入荷数と追加発注冊数を書き残して、同僚が見るようにブックトラックに置いておきます。あとで各自が売場で現物を確認するように促しているのです。

お昼に売上スリップから抜き出したメモには、その本が売れたことで連想した書名や著者名、本のテーマなどのキーワードが書かれています。その検索作業をします。既刊の補充発注の入力も片づけていきます。検索や注文の入力に使う端末はレジとバックヤードにそれぞれ1台しかありません。端末はお客様からのお問い合わせの対応にも使いますし、同僚が使っていることも多いので、長くは独り占めできません。ぼんやりとデータや書誌情報を眺めていると、すぐに急ぎの別件が入って席を譲らざるを得ません。そうなっても困らないように、あらかじめ確認したいことをスリップのメモを元にまとめておきます。不意にお問い合わせが入って端末を明け渡すことになっても、スリップがチェックリスト代わりになって、どこまで作業をしたかを記録することができます。

遅番にしてもらうこと

そうこうしていると、退社時刻の17時まであと1時間。できることは限られているので、今日は何をやらないかを先に決めてしまいます。売れの見込める新刊や、期待を込めて注文した既刊は、すぐに並べなければいけません。積み方や並べ方を工夫する必要もあり、自分でやるしかありません。

そうなると、今日は棚挿しの補充作業をやる時間がありません。あとで遅番のアルバイトさんたちが出社したら、僕の代わりにやってもらいます。人文書やビジネス書の棚補充を彼らに頼むのは難しそうですが、新書や資格、語学なら、棚の並び方も単純なルールにしたがっているので補充をやってもらえそうです。挿しているとすぐに棚がいっぱいになってアルバイトさんは困るでしょうから、返品候補を抜き出す基準を伝えておきます。まず、棚の上下左右を広く見渡して必備スリップが入っていないもの（＝出版社のスリップしか入っていない本）を選びます。次に、出版社のスリップにこちらで手書きした日付がもっとも古く、奥付に記載された刷数が少ないものから抜く。ひとまずその基準で抜いて、入荷してきたものを挿しておいてもらいます。抜いたものは明日僕が確認して、まだ棚に入れておくべきものを戻し、差し支えないものは返品します。

17時になり遅番のアルバイト2人が出社し、入れ替わりに早番のアルバイトさんが上がります。レジに貯まっている売上スリップの束を、この時間で一度まとめて輪ゴムで縛り、今日の日付と「前半」と記しておきます。

早番、遅番の引き継ぎを終えたら、遅番アルバイトの2人は店内整理に出ます。レジには、休憩から戻った遅番の社員が、昨日のスリップの束を持って入ります。彼も、僕と同じようにお会計の合間にスリップを見ます。先にチェックした僕と早番の同僚が書き込んだメモが何かのヒントになるといいのですが。

早番のアルバイトさんは、午後のうちにレジのなかで文庫、新書とコミックスの補充品を検品して、すべてのスリップに今日の日付を書いてくれています。遅番のアルバイトさんはこの夕方の時間にそれを棚に補充してくれます。そのときにも、やはり棚がいっぱいになって補充できなくなるでしょうから、棚の在庫に挿されたスリップに書いてある日付と奥付を参考にしてひとまず抜いておいてもらい、文庫担当者があとで手直しします。

18時からは、アルバイトさんの1人がレジ、もう1人がバックヤードで返品作業をしつつ整理を担当します。返品が終われば、僕がやり残した書籍の棚補充などに取りかかってくれます。早番の僕と同僚は、そろそろ退社します。

発注作業

夜のレジでは、僕から手渡された注文スリップを元に遅番の社員が発注作業をしてくれます。書籍や雑誌の追加発注は、端末、電話、FAXの3通りを使いわけます。発売当日の雑誌は、出版社の在庫がなくなってしまう前に確保したいので午前中に電話します。出版社の在庫が少なく数冊なら手配できるが希望冊数に足りない、他の書店から返品されるのを待てば出荷できるかもしれない——といった場合は、希望冊数のすべてが自店に入荷したとしても次号の発売日以降になるかもしれません。それでも長期間陳列したいものか、次号が出るまでに入荷しないならとりあえず数冊手配できればよしとするか。その電話のなかで判断する必要があります。新刊書籍の追加発注でも、冊数が多く確実に欲しい場合や、注文のついでに出版社の営業担当者さんと話がしたい場合は昼のうちに僕が電話します。話がしたいといっても、とくに用件や話題はなく、たんに自店のことをうっすらとでも記憶にとどめてもらいたいという程度のこともあります。
とくに気にかけているもの以外の書籍発注は、ＰＣで取次の検索発注システムにひとまず入力してみます。画面上で取次や出版社の在庫状況を確認して、在庫数や入荷予定日がはっきりと記載されているときはそのまま発注入力します。在庫ステイタスが「調整中」や「在庫僅少」、「品切れ」だが発注冊数が入力できる場合は、迷います。これまでの経験から「とりあえず入力しておけばおそらく入荷するだろう」と予測したものは発注入力します。もし入荷しなかったり、入荷冊数が減ってしまっても、あとから対処すればいいと考えた場合も発注入力します。

少量でも確実に入手したいものは、電話かＦＡＸを選びます。昼間はレジ担当のアルバイトさんに、お会計の合間に出版社に電話をかけてもらい、残ったものは遅番のレジ担当アルバイトさんに引き継いでＦＡＸを出版社に送信してもらいます。棚挿しとして1冊補充するものは、スリップの束を遅番のレジ担当アルバイトさんに手渡します。書籍やムックなら必備スリップか出版社のスリップを、文庫や新書のほとんどは（物流システムの事情で必備スリップを発行できないため）出版社のスリップを、ハンディ・ターミナルのバーコード・リーダーで読み取ります。ハンディ・ターミナルに読み込ませた発注データの行き先はＰＣの検索発注システムと同じ取次のデータ・センターですが、ハンディ・ターミナルなら機械的な繰り返しの動作で手早く多くの件数が入力でき、ＰＣを使わずにお会計の合間にレジ・カウンターで作業することができます。棚挿しの補充発注は件数がもっとも多いため、発注する前に担当者がスリップを見る工程には時間をかけますが、発注作業はアルバイトさんに依頼します。作業の終わったスリップは翌日僕が受け取り、作業を終えた印《しるし》として「済」と書かれているか、昼にアルバイトさんが電話したものについては、出版社から伝えられた在庫の有無や搬入予定日のメモに目を通します。

21時に遅番社員が退社し、24時の閉店までアルバイトさんたちが店番をします。無事に営業を終えて、2人でレジを精算し、梱包した返品を搬出口に積み上げ、今日の売上スリップを束にしてデスクに並べます。戸締りをし、照明を落として、長い一日の営業が終わります。

家に帰るまでの間に

退社してうちへ帰るときには、いつも手帳に1日の出来事を書き出しています。誰と何を話し、自分はどう考えたのかといったことを箇条書きにする程度のものです。2014年の手帳を振り返ると、登場する人のほとんどは店を訪問してくれた出版社の営業担当者です。

1月14日には、慶應義塾大学出版会の中島久暢《ひさのぶ》さんが来店し、代官山 蔦屋書店の人文担当(当時)の半谷佳正《はんやよしまさ》さんについて語りました。メモには「企画イベントのアフタートークがすごい」(担当したイベント終了後に来場者に向かってセールス・トークを展開して書籍を大量に販売する手腕がすごい)とあり、僕は「声を出して売ることもアリ、人文書だってお高くとまらないで」と書き残しています。

5月15日には、朝日出版社営業部の橋本亮二さんが来店し、この数日前まで出張で訪れていた東北各県の書店事情について聞かせてくれた、とメモがあります。橋本さんは盛岡のさわや書店フェザン店を訪問し、同店の田口幹人《みきひと》さんから聞いた店づくりの考え方に感銘を受けたことを僕に伝えてくれたようです。「POP攻勢や文脈棚は3割の味つけであって、7割は地元常連さんとの関係でできている。話題のひとり歩きに警戒」とメモに書いてあります。具体的な話の内容は忘れましたが、橋本さんの語るさわや書店の魅力を僕なりにまとめ、小石川店の店づくりに生かそうと考えたことがわかります。あまり店から外出する機会のなかった僕にとって、書店営業担当者との会話は外の様子を知る貴重な機会であり、それに刺激を受けていろいろなことを考えていました。

手帳のメモのなかで、営業さんと話したことの記録の次に頻出するのは罵詈雑言です。あゆみBOOKS本社での月例店長会議や取次の担当者が訪店した日のあとは、いつも荒れ狂った気持ちが殴り書きしてあります。

7月8日を見ると、冒頭に「本日クソ会議」と大きく書いてあります。その下に長々と会議で僕に対して挙げられた「ダメ出し」が書き連ねてあり、最後の行には「嫌なクソみたいな仕事だが客観的には正しい。とっとと自動化する方法を真剣に考える」ときれいな字で書いてあり、その下に小さな文字で「WIN+を使ってみる」、「サポートKのメール配信やってみる」と書き加えてあります。会議のフラストレーションを書いて吐き出したあと、冷静になって会議での指摘を受け止め、最後には同会議で新規導入が決定された日販の顧客購買履歴分析システムを素直に面白そうだと感じています。

そのほかには、毎日の天気、アルバイトさんの成長記録、同僚との会話、片づいていない仕事の備忘メモなど、毎日の細かなことを書いています。

8月16日には、とくに誰と会ったということもなく暇だったことが書かれています。「久しぶりに入荷があったけど、少量。明日はまた休配なんだから、ずっと連休でよかったんじゃないの」とあり、あとは気になっている新刊について短くコメントしています。抜粋してみます。

『日本人はいつから働きすぎになったのか』（平凡社新書、礫川全次《こいかわぜんじ》）「市井の民俗学者」から見た、労働観の変遷。速水融《あきら》（注・歴史人口学の研究者）を引いている箇所などが面白そう。『暇倫』（注・『暇と退屈の倫理学』國《こく》分《ぶん》功一郎、朝日出版社）のよこに置いてみる。

『話が長くなるお年寄りには理由がある』（ＰＨＰ新書、増井幸恵《ゆきえ》）「老年性の超越感」っていうフレーズ気になる！（映画の）『ワンダフルライフ』で痴呆に幸せな意味づけをしてたのに近い感じで売れる？　是枝《これえだ》（裕和《ひろかず》）監督（の『小説ワンダフルライフ』、ハヤカワ文庫）とりなおす。

『ゆとり世代の愛国心』（ＰＨＰ新書、税所篤快《さいしょあつよし》）気になる著者。若くから海外を飛び回っていた活動家らしい。グラミン銀行などにかかわっていたとか。

いま振り返ってみると、こうして1日の出来事を手帳に書きだしてしまうことで帰り着くまでに気持ちを軽くしようとしていたのかもしれません。家に着いたあとは、幼い娘の入浴や着替えと歯磨きを手伝い、妻に娘を寝かしつけてもらい、そのあとふたりで家事を片づけ終わった頃にはもう寝る時間です。

書店員の休日

平日の公休日は、9時ごろに起きて娘を当時通っていたプリ・スクール（幼稚園入園前の幼児が短時間の保育や英語のレッスンを受ける民間の教室）に連れて行き、預かってもらっている間に妻の家事を手伝い、午後3

時に娘を迎えに行ったあとは同じクラスの親子と公園で遊び、夕方にスーパーで食材を買い込み帰宅し、あとは夕食を作って食べ、娘と風呂に入って、15分ほど絵本を読んで寝かしつける。ここでうっかり自分も寝てしまうと休日はこれで終わりです。

なんとか起きていられたときには、ようやく落ち着いて読書ができます。この時間は「仕事で売るために」とはできるだけ考えず、ただ自分の楽しみのために読むことを考えています。そうはいっても、「この一節で著者が言いたいことは、あの本で読んだことと似ている」とか、「この本は生物学、あの本は心理学だけど、どちらも読者は人間のアイデンティティとは？と問いかけながら読んじゃうから、同じ性質の本だよね」など、本の中身よりも本と本の関係のほうに関心が向かってしまう性分で、すぐに品揃えに活かせないかと考えてしまいます。

出社当番のない日曜日は、ようやく丸一日休むことができます。午前10時頃に起きて遅い朝食をとり、妻と娘と一緒に、テレビで「仮面ライダー」や「プリキュア」を観ます。テレビ放映は午前8時からなので、録画したものです。この当時なら「仮面ライダー鎧武《ガイム》」と「ハピネスチャージ！プリキュア」です。娘が生まれるまでは、書店でアニメ絵本の回転塔什器を扱っていてもそこまで興味を持っていなかったのですが、この頃には店で幼稚園児や小学生の子たちと共通の話題が持てるようになっていました。

昼前に食材の買い物ついでに新聞を買います。朝日、読売、日経の3紙を買うことが多く、毎日新聞はたまに読売の代わりに選びます。書評記事の切り抜きを持って来店するお客様や、これまで書評記事を添えて平積みした書籍の売れ行きの傾向から、このように選択しました。各紙の書評と1面のサンヤツ広告、中面の全5段広告も目を通します。日曜は書評掲載に合わせて書籍の広告が多く出稿されています。どの書籍が大きく採りあげられているかを眺めて、自店のアルバイトさんに電話を入れます。今日の新聞を見て買いにくるとしたらどの本だろうという予想と、その本がどこに積んであるか、品切れだが注文してあり入荷するだろう、入荷予定がわからないからひとまず客注を受けてほしい――といったことを伝えます。

書評や広告に採りあげられる書籍は、掲載されてから発注することももちろんありますが、できるだけ事前に店に陳列しておくことを目指していました。書評に載るから積む、大々的に広告されるから積むというよりは、他の新刊と同じように、店に入荷して手に取ったときに正しい注文冊数と陳列方法を判断できれば、掲載される前におのずと品物は揃うはずだろう――と考え、それを目指していました。毎日新刊の箱を開けながらスタッフと話をするときに、「朝日の匂いがする」（＝これまで朝日新聞の書評に採りあげられたテーマと近い、または書評委員の誰かが好みそうな著者、出版社だ）と話題にして、その書籍のスリップに「書評？」とメモ書きをします。スリップに注意書きをしておくことで、返品しようかと迷ったとき思いとどまるためです。朝日新聞の書評に採りあげられる書籍には、店頭で新刊コーナーにただ平積みにしただけでは1冊も売れないような硬派な人文書もあります。値段からするとすぐには売れないだろうが、既刊が売れた実績のある著者でテーマも面白い。そう考えてメイン平台の目立つ場所に2冊面陳したものの、1ヶ月経過してもまだ売れない。いつもならもう人文書の棚に挿してしまうところですが、スリップに「書評？」と書いた自分の判断にしたがってもう少し待つことにします。新刊が発売されてから書評に掲載されるまでには2ヶ月近くかかることも多いからです。

また、新刊の箱から見つけたときに「仕掛けください」（＝目立つ場所に大量に積むと売れそうだが、棚前平台に

3冊ほど積んでも売れなさそう）と判断する書籍もあります。店の平台は面積が限られているので、そう判断した書籍をすべて大量に発注するわけではありませんが、「次に仕掛ける候補」として在庫を7〜10冊ほど持っています。「仕掛けくさい」と感じた書籍が新聞広告に取り上げられて「やっぱりね」となるように、毎日の新刊を見ています。

もちろん実際には予想が当たらないことはよくあります。「書評？」や「仕掛けくさい」と考えた書籍が実際に新聞に掲載される確率は高くはありません。ただ、長期間じっくりと陳列するべき人文書と、派手な演出で短期間のうちに売り伸ばすべき実用書、それぞれを見つけ出して、売場全体の陳列に強弱や緩急をつけるには、新聞でどう扱われるかを予想することが思考の補助線として役立ちます。

新聞の書評欄と広告を見たあとは、1面から通して記事を読みます。書評に採りあげられたり広告で目についた書籍のなかで発注が必要と判断したものは、紙面にそのまま赤ペンで発注数を書き入れて、月曜日に発注します。記事文中で気になった言葉は赤ペンで傍線や囲み印《しるし》をつけておき、関連する書籍をウェブで検索します。

日曜の新聞紙面で他に目を通す箇所は、求人情報欄です。朝日新聞には、出版社の求人情報がよく掲載されています。書店に勤務していた18年間に出版社の求人に応募しようかと思ったことがないわけではありません。むしろ何度もあります。「編集・営業募集・編集経験3年以上」などの記載を見ながら、自分がゼロから新しい道を選んだらどうなるのかと想像します。ワクワクする気持ちと40歳近くになって今さら無理だろうというしょぼくれた気持ちの間で揺れながら、「そもそも書店の何が楽しくて今まで続けてきたんだっけ？」と自問します。出版社勤めや編集職に今さら憧れるのは、彼らのほうがクリエイティブな仕事をしていると引け目を感じているのか、そもそも「クリエイティブ」ってなんだろう、書店の仕事は創造的じゃないのか、送りつけられた品物を捌《さば》くだけの「やらされ仕事」なのか、そもそも自分の会社の先行きが不安なだけなのか……そんなことをとりとめもなく考えてしまいます。だんだんと腹が立ってきて、「だったらやってやろうじゃん！」と思いなおします。何が「だったら」なのかはわかりませんが、おそらく書店員の仕事を無意識に卑下してしまっている自分や、入荷する商品や雑務の多さを言い訳にして中途半端な仕事でよしとしてしまっている自分を叱咤しようとしているのだと思います。そして「僕は平台の編集者だ！」とか調子のいいことをいって、自分を励まします。

そんなふうにして、日曜日もあっという間に終わってしまいます。

ここまで読んでいただいた方には、忙しい書店の1日のなかでもスリップに触れ、書き込み、それを手がかりに考えるための時間が意外にあることはお気づきいただけたと思います。では、スリップにはどんなメモをどのように書けばいいのか。次章では多くの実例を挙げて、その書き方をご紹介します。

最後に大事なことをひとつ。この章で書いたように、僕は毎日、本とスリップに触り、書誌情報を検索し、本の広告を見て、スタッフや出版社の営業さんと話をしています。学生アルバイト時代を含めれば、約20年それを繰り返してきたことになります。そうすると「世の中にどういう本があるのか」「かつてどんな本が売れたのか」「どういう著者がどんな本を書いているのか」「どういう人がどんな本を評価しているか」という情報が頭のなかに貯まってきます。それは書誌情報や本の広告くらいの短い文量であっても、仕事には充分役立つ情報です。これは「読書量」とは異なります。この章をお読みいただいておわかりのとおり、実際、僕が読書に使える時間は多くはなく、読書量も多いとは思っていません。「書店員はたくさん本を読んでいる」と思われがちですが（実際にとても多く読む読書家もいますし、できれば僕もそうなりたいのですが）、僕の場合、それは読書量に担保されたものというよりは、毎日の仕事をしながら覚えていったことのほうが多いのです。次の章で僕は多くの本や著者について「エンデのお金をめぐる思想を読めるものといえば、『エンデの遺言 根源からお金を問うこと』がある」「日本の居酒屋文化や闇市の歴史を研究する大学教授マイク・モラスキーが連想された」と、いかにも知ったように書いていますが、それは僕が「読書家」だからではありません。僕が「書店員」だから覚えていったことなのです。

第3章　実戦

スリップ60セット113枚にメモを書く

――スリップに連想の引き金になる言葉があったら、それに印をつけ、アイディアをスリップにメモする。具体的でなくても、あとで調べて発注する手がかりになればいい。何枚かのスリップにつながりを見つけたら、そこに共通する売れた理由を考える。

まとめ買いのスリップから具体的な読者像を描き出し、そのバリエーションを増やしていく。書店員ひとりの狭い視野では気づくことのできなかった、さまざまな視点から発注や陳列ができるように。

この章の構成

この章では、売上スリップから何を考えどのような行動をとったのかを、60の実例を挙げて解説します。登場するスリップは、ここ3年間に実際に売れたもので、東京都心部、東京郊外、地方都市の6店舗から、いずれもお店の方のご厚意で提供していただきました。この6店舗には、僕が品揃えを担当している神樂坂モノガタリも含まれています。

このスリップ束を、僕が店長を務める架空の書店で売れたものとして読み解き、どのように行動するのかを考えました。実例のなかには、神樂坂モノガタリで売れて、それに対して僕が実際にとった行動もあります。しかしほとんどの実例は、本章で設定した架空の書店の属性や規模、スタッフ構成を前提にしたものです。この書店は、僕が実際に店長として働いていたあゆみBOOKS小石川店のような「街の普通の書店」です。売場面積はおよそ70坪、ジャンル担当は僕を含めて3人、レジ担当のアルバイトさんを加えて4人。担当ジャンルは、僕が文芸、人文、ビジネス、ひとりの同僚が文庫と芸術、語学、資格、もうひとりの同僚がコミックスと新書、趣味、実用、児童書。過去に在籍したあゆみBOOKS各店舗や、現在担当している神樂坂モノガタリ、研修講師として関わったいくつかの書店で、実際に僕自身がとった判断と行動を反映させています。60の実例は以下の4つのグループに分けてあります（各要素が混じった例もあります）。

A・備忘のために

追加発注する、関連する書籍を探す、陳列を手直しするといった作業を忘れずにあとで行うためのメモ。当日中に実行するスリップは胸ポケットに入れ、急がないものはデスクのひきだしにしまいます。

B・業務連絡

同僚への業務連絡をスリップに書き込みます。急ぎの用件なら声をかけてそのスリップを手渡し、そうでなければ相手のタイムカードにスリップをクリップで留めます。「店長から指示されたからやる」ではなく、同僚たちが自分で判断したほうがいい場合は、ほのめかす程度にメモしたスリップを束のなかに戻します。

C・連想の引き金

「この本が売れたのなら、あれも売れるのでは」と連想したときは、その引き金になった言葉に印《しるし》をつけ、アイディアを忘れないようにスリップにメモします。似たテーマを扱って売れた既刊、似た経歴を持った著者など、すぐに具体的に思い出せなくても、あとで調べる手がかりになる短い言葉を書きます。何枚かのスリップの間に「何かつながりがある」と気づいたときに、スリップを並べて線でつなげ、そのつながりが何なのか、売れた理由の共通点は何なのかを推測して、発注や陳列の参考にします。

D・読者像を描き出す

売上スリップを見るときにいちばん楽しいのは、どんなお客様が買ったのかを想像することです。実際にあったまとめ買いのスリップ束なら、どんなお客様がなぜ買ってくれたのか、より詳しく想像することができます。具体的な読者像を描き出し、そのバリエーションを増やしていくことで、書店員ひとりの狭い視野では気づくことのできなかったさまざまな視点から発注や陳列ができます。

A 備忘のために

追加発注する、関連する書籍を探す、陳列を手直しするといった作業を忘れずにあとで行うためのメモ。当日中に実行するスリップは胸ポケットへ。

A01 発注して併売

❶著者の前著『ヒップな生活革命』(朝日出版社)を発注して併売することをメモ。『ヒップな〜』は、「アイディア・インク」という、映画監督、社会起業家、ジャーナリストなどさまざまな分野で新しい仕事や生き方を実践する人々を著者に起用したシリーズ。全巻に共通したパステルカラーのカバーを売場で目立たせるために、全タイトルをビジネス書の棚で挿しと面陳を組み合わせて陳列していた。『ヒップな〜』は、ビジネス書エンド平台で展開していた「ワークライフ・バランス」コーナーで平積みすればさらに売り伸ばせると判断し、この2ヶ所に陳列。半年で30冊ほど売れたところで棚挿しにした。

❷新著は都会に生活する自立した女性のスタイルを描くという切り口がはっきりしているので、『ヒップな生活革命』も含め女性ライフスタイル・コーナーの平積みラインナップを見直すときの軸にしようと考えた。女性の多いコーナーに積み直したことで、再び10冊ほど売り伸ばすことができた。当初から男性の多いコーナーと女性の多いコーナーの両方に積まなかったことが誤りだったと気づいた。

❶ あとで追加発注するというメモとして○印。

❷ 女性ライフスタイル・コーナーを見直す軸にと考えてのメモ。

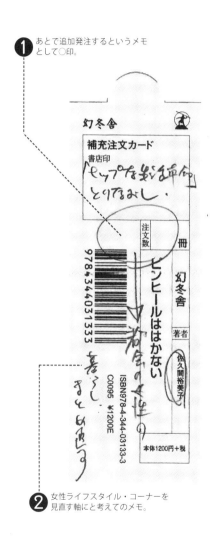

A02 寄せすぎ注意

❶ミシマ社の書籍を「ミシマ社の棚」としてコーナー作りしているお店も多いだろう。出版企画から造本まで丁寧な物作り、小規模で自由な会社の雰囲気、大手取次に頼らず独自の方式で流通していく気概など、書店として応援したい存在であり、出版物の傾向を「ミシマ社」ブランドとして括《くく》りやすいこともあって、1ヶ所にまとめたくなる。もちろん、この棚のファンを増やして、そこに収めた書籍を売り伸ばしていくことは可能だが、そうすると、この棚の雰囲気を気に入る人、興味を惹《ひ》かれない人、気に入らない人に別れてしまいがち。ミシマ社のラインナップにも多様な読者を獲得できるはずのものがいくつもある。「ミシマ社的」と安易にひとまとめにせず、他の置き場も念頭に置いて、売れる機会を増やしたいと考える。

❷インタビューの名手として著名なノンフィクション作家と言えば、スタッズ・ターケルをいちばんに思い浮かべる。代表作のひとつ『仕事!』(晶文社)は品切れだ。いつかちくま文庫あたりに入るかもしれない、そのときには売り伸ばすぞという思いでメモ。アルバイトの頃、ぶ厚いこの本(700ページ!)を二、三度レジ打ちしたことがあり、気になって店内整理のときに棚から抜いて開いてみた。書店員ぶって奥付を見たところ、何度も増刷していることに驚き、「きっとすごい本なのだろう」と印象に残った。わけもわからず背伸びする気分で給料日に社割で購入した1冊には17刷とあった。

❶ ミシマ社の書籍を売場に組み込む際に気になることのメモ。

❷ インタビューの名手として著名なノンフィクション作家と言えば……

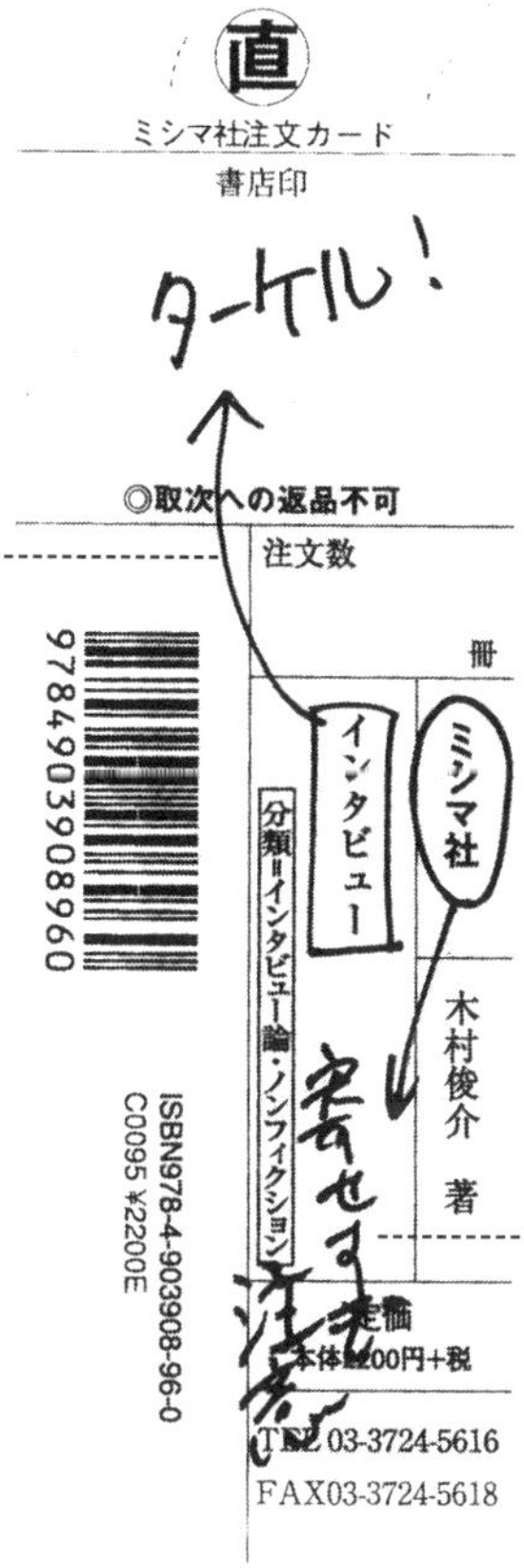

A03 冊数はあとで判断

❶おおいに注目している良い本。具体的な冊数は積む平台の周辺状況なども考えてから判断するため、未記入。

❷『伊礼智《いれいさとし》の「小さな家」70のレシピ』（エクスナレッジ）のこと。売上スリップを仕分けしている最中は、検索作業などに脱線しないよう気をつけているため、うろ覚えで構わないのでサッと書名をメモ。

❸住まいの書籍が実用書コーナーにある場合、コーナー全体が女性客を想定した構成になりがちなため、男性客を惹《ひ》きつける陳列が充分にできないことが多い。コーナーのなかに、男性的なもの、女性的なもの、両方の要素が重なるものをうまく配置したい――というメモ。

❹身の丈にあった小さくてシンプルな家づくりといえば、建築家の中村好文《よしふみ》が連想される。『中村好文 普通の住宅、普通の別荘』（TOTO出版）や『住宅巡礼』（新潮社）をあとで発注するためのメモ。また平積みにして併売する。

❶もっと売れそうだからたくさん追加するという意味で◎印。

❷うろ覚えの書名をメモ。

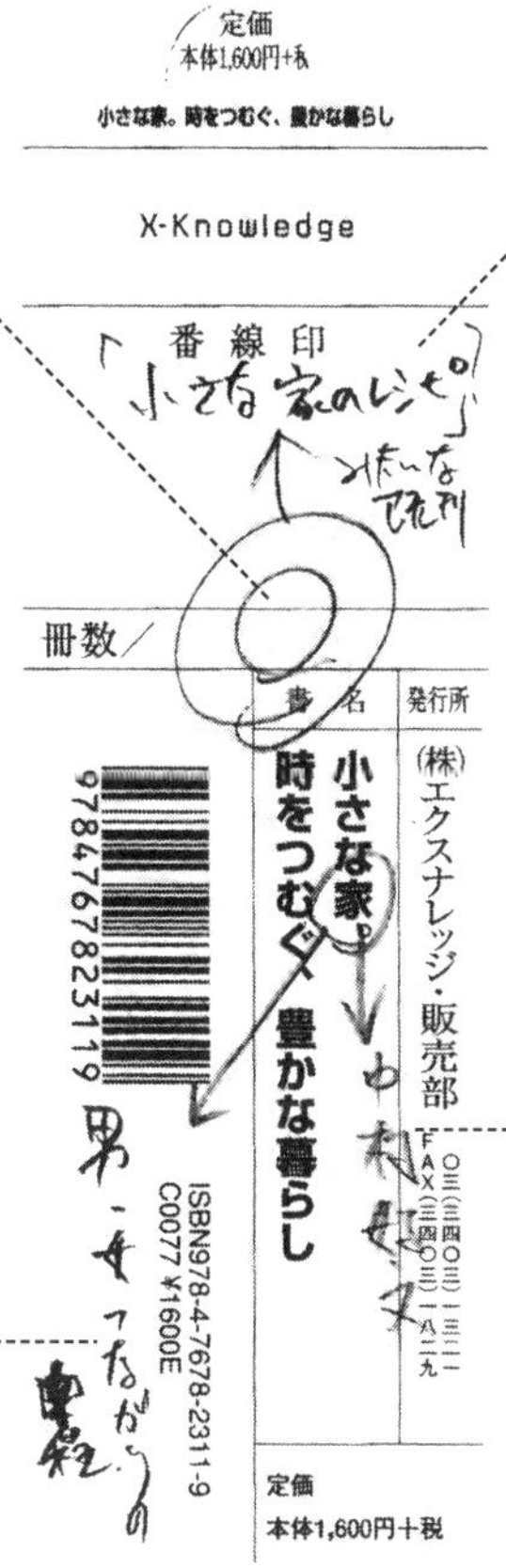

❸《男女のつながりの中程》とメモ。

❹建築家の中村好文を連想したので。

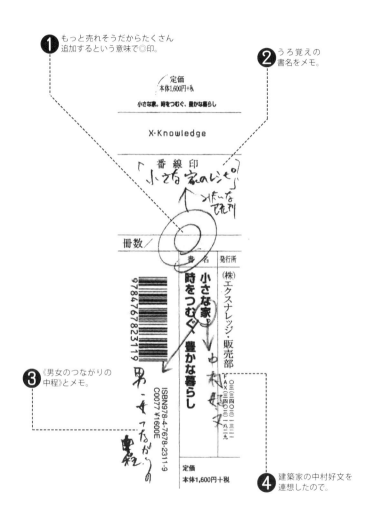

A04 何か買わずには帰れない

❶20世紀のソヴィエト連邦、ロシアの芸術、文学、政治、歴史、生活を知るための入門書を揃《そろ》えることで、世界の歴史と現代の政治情勢や文化を、別の視点から眺めることができるのでは——という思いつき。『ロシア・アヴァンギャルドのデザイン』（海野《うんの》弘、パイ インターナショナル）や『亡命ロシア料理 新装版』（ピョートル・ワイリ、アレクサンドル・ゲニス、沼野充義《みつよし》ほか訳、未知谷《みちたに》）など、細く長く売れているロングセラーをまとめて売り伸ばす受け皿にもなる。

❷山川出版社のリブレットや岩波ブックレット、仮説社のやまねこブックレットなどは価格が安く、さっと読み切れる量で、意外なテーマの1冊を発見することもあり、文庫よりも気軽にうっかり買ってしまう。高額な書籍の多い人文書の平台のなかに1、2点に絞って積んでおくと、お客様の「何か買わずには帰れない」気持ちの受け皿として、また、硬派な人文書に手が出ないときの入門書としてもよく売れる。

❸欧米の書店で見られる「自伝・評伝」の棚や、人物を軸にした歴史の棚を人文書の棚に組み込むことができるかを考えたい——というメモ。実際に売場で「伝記ありますか？」というお問い合わせを何度か受けたことからも、気になっている。

❶ 面陳テーマ特集のメモ。

❷ リブレット、
ブックレットの
置きどころ。

❸ それを人文書の棚に
組み込むには？
というメモ。

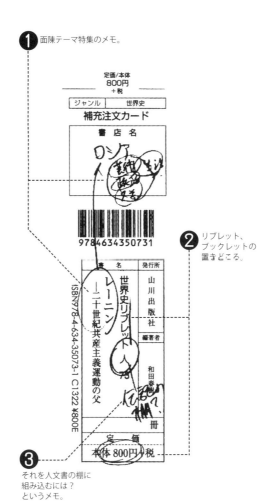

A05 1冊補充だけでは不充分

❶棚挿しから1冊売れたものだが、平積みにして売り伸ばせそう。派手に仕掛けて売れるわけではなさそうだが、また棚に1冊補充して目的買いを待つだけでは不充分と考えた。

❷その根拠は、「不安症」、「治す」、「ノート」というキーワード。ここからまず思い出されるのは『こころが晴れるノート うつと不安の認知療法自習帳』(大野裕《ゆたか》、創元社)だ。月間に10冊、20冊と売れた経験はないが、棚前平台で積み直すと月に2~3冊、長く売れ続ける。

病名が診断されるほどではない「うつ気味」や「不安症」を感じる人は性別や年齢にかかわらず多く、書店でこういった本を見かけたときにふと手が伸びるのだろう、読むだけではなく気持ちを書き出す行為が癒しになるのだろう――ということが連想できる。そこまで言うなら、『こころが晴れるノート』こそ平積みにすればいいのかもしれない。

ここで重要なのは、「書くことで自分と向き合う本」という売れ筋があると再確認すること。過去に売れた記憶から、『すき好きノート』(谷川俊太郎、安野《あんの》光雅装画、アリス館《かん》)や『Q&A Diary My 5 Years』(Potter Style編、住木美優訳、海と月社)などのロングセラーを積み直すことも考えられる。

❶「売り伸ばせそう」と思ったのでメモ。

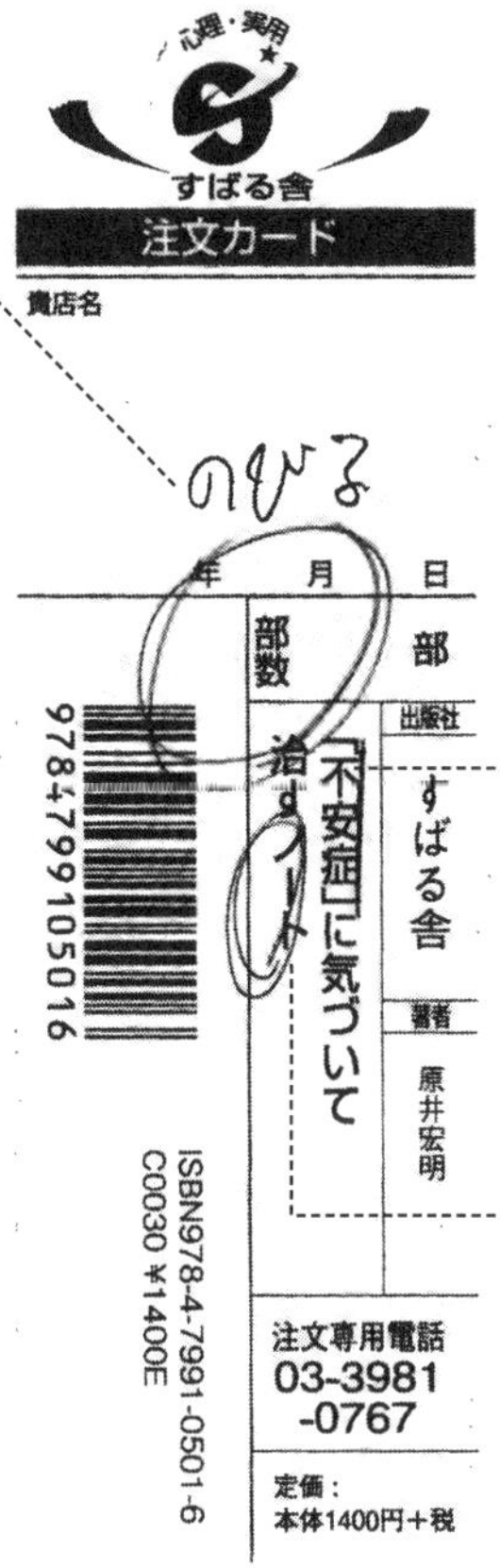

❷「売り伸ばせそう」と思った根拠となるキーワード。

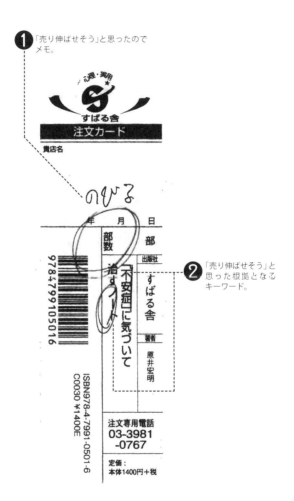

A06 検索は2つの単語で

❶「デザイン」と「心理」の2つを検索語句として、取次在庫の書誌一覧を眺める（第4章参照）だけでも発見がある。デザインと人の心理に関わる幅広い既刊のなかで、今も流通している（＝売れている）面白そうなタイトルに、ジャンルを問わず出くわすことができる。同じように、興味を惹《ひ》かれたタイトルからキーワードや観点を派生させていく。デザイン×こころ、デザイン×行動、形態×心理、設計×心理など、語句を替えていきながら、同じように書誌情報を眺める。この作業を何度か繰り返していると、グラフィックデザイン、建築、マーケティング、キャリアデザイン、教育学など、デザインと心理学が特に求められているジャンルがおおまかに見える。

実際に売れそうと判断した書籍は注文し、連想した文脈やテーマは毎日の新刊の置き方や売れ方を考えるために覚えておく。『誰のためのデザイン？ 増補・改訂版』（ドナルド・A・ノーマン、岡本明ほか訳、新曜社）、『新版 社員をサーフィンに行かせよう』（イヴォン・シュイナード、井口耕二訳、ダイヤモンド社）、『〈弱いロボット〉の思考』（岡田美智男、講談社現代新書）の3点を取次の在庫数から売れていると判断し、発注した。

❷『たった1日で即戦力になるExcelの教科書』（吉田拳、技術評論社）や『外資系金融のExcel作成術 表の見せ方&財務モデルの組み方』（慎《シン》泰俊《テジュン》、東洋経済新報社）が売れたことを思い浮かべている。ビジネス・ソフトの操作法をビジネス・スキルと結びつけた書籍、ビジネス書のトレンドやキーワードを盛り込んだ技術書という路線に注意することをメモ。既刊の掘り出しや新刊の追加発注のヒントにする。

❶ デザイン論と心理学はつながるという事実を再確認したメモ。

B3-05

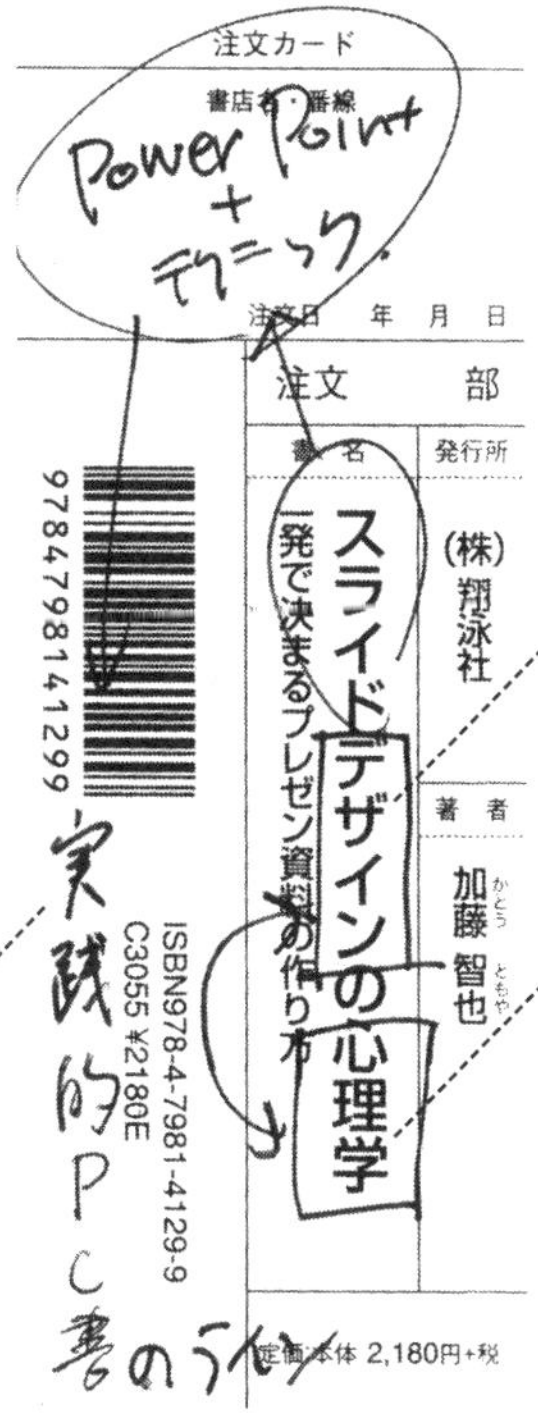

❷ 「実践的なPC書は売れ筋だ」というメモ。

A07 「盛りつける」陳列に既刊を使う

❶スリップの日付を見ると、『シルバニアファミリーコレクションブック』は新刊で3冊入荷して、2週間後に1冊売れたところで見切りをつけて棚に挿したとわかる。『'80sガーリーデザインコレクション』は、新刊で1冊入り、初めから棚に挿したようだ。たしかに、現状の売場では雰囲気の似た書籍も少なく、深追いせずに切り上げた担当者の気持ちもわからなくはない。

❷しかし、「ある世代にとって共通の懐かしさに訴える」という本は、客層と雰囲気作りがマッチすれば、もっと売れるのではないか。とくに80年代のガーリーなものという切り口なら、当時を懐かしく感じる大人女子だけでなく、現代のオシャレ女子にもハマりそう。

雰囲気に乗せられてうっかり買ってしまうというパターンに持ち込むには、もっとアイテム数を揃えて場を盛りあげなくてはいけない。棚を作るというより、雑貨かスイーツのように「盛りつける」陳列だ。

❸このコーナーのために既刊を掘り出すことは楽にできそうだ。『シルバニアファミリー』の編著者、竹村真奈のこれまでの著書は、『サンリオデイズ』『魔女っ子デイズ』（いずれもビー・エヌ・エヌ新社）など、明確に80年代ガーリー・カルチャー路線を押さえている。

❶ 3冊入荷、2週間後に1冊売れ、棚挿しに。

❷ 世代共通の懐かしさ＝もっと売れる、というメモ。

❸ コーナーづくりのために既刊を掘る、というメモ。「タイムマシンラボ」は竹村が設立した編集プロダクション。

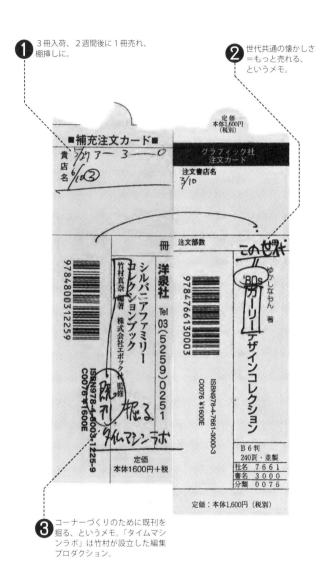

A08 平積みに「格上げ」する前に

❶どちらも棚挿しからお客様が探してくれたもの。小川洋子、江國香織とも、既刊の文庫が棚から売れる人気作家だ。実際、この2冊ともスリップの日付はつい最近のものだ。頻繁に棚で回転しているなら、平積みか面陳に格上げして売り伸ばすことができるかもしれない。

❷小川洋子と江國香織のどちらも好きという読書傾向は、なんの違和感もない。この2冊をそのまま3冊ずつ発注して平台に並べてもおかしくない。しかし、この2冊だけでは棚前平台で孤立してしまう。たとえば棚1本ぶんの平台で文庫が横に7点、縦に3列置けるとしたら、21面ぶんの平積みがそこにある。この21面を使って「日本のいまを感じる女性作家たち」といったテーマで平積みを構成するとする。作家ひとりにつき1作品を選んだとしたら、21人の女性作家が集まる。そのラインナップを五十音順にしてしまったら、お気に入りの作家は名前から探せるが、雰囲気に乗せられてうっかり1冊余計に買うということが起こりにくいだろう。

お客様の気分を盛りあげて、まだ読んでいない小説に何らかの期待を抱かせて数冊手に取ってもらうには、「こんな感じのムードに浸れそう」という演出が必要だ。この2冊の例でいえば、「しっとりとした優しさと悲しさを湛《たた》えた大人のための寓話」といった雰囲気だ。その点、この2冊は表紙も良い。この2人は、多くのお客様が知っている作家だから、平台の取っ掛かりにもなるキーパーソンだ。この2冊を軸にして、棚前の21面を作っていく。

❶ 実際に同じお客様がこの２冊を買った。

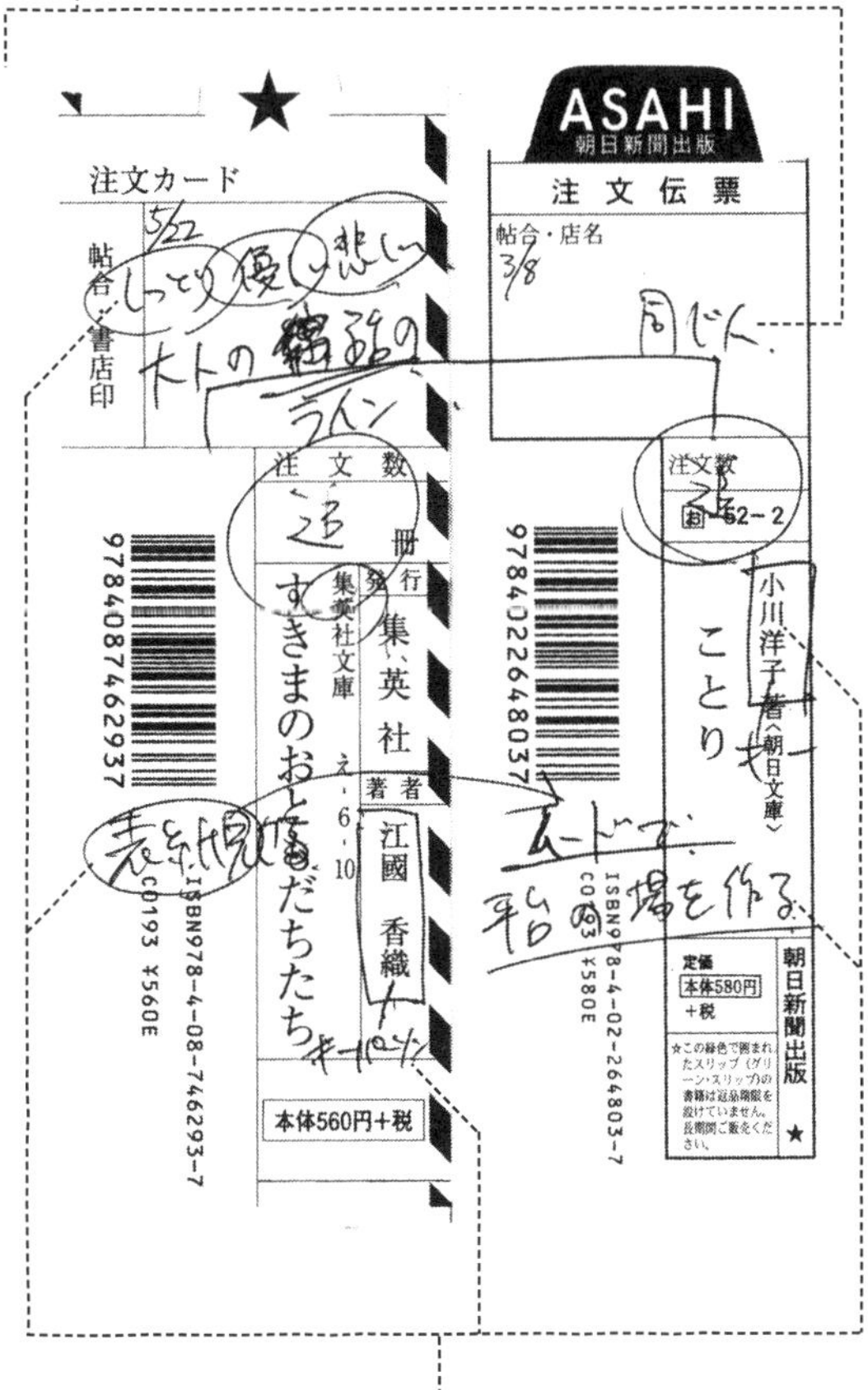

❷ 平台づくりのためのメモ。

A09 パパと子どものコーナーを作る

❶世界的に大流行したPCゲーム、マインクラフトのガイド本。スリップの日付を見ると、新刊配本で1冊入荷し、そのまま棚に挿したとわかる。それではもったいないと感じ、スリップにメモ。

❷「マイクラ」は、工夫しだいで無限の遊び方ができる自由さが人気。木や砂、鉄といった素材を組み合わせて道具を作り出す。動物を狩ることで肉を手に入れ、火を熾《おこ》して調理をする。身ひとつで原野に放り出される主人公を操って、文明的な暮らしを獲得していく。より高度な道具を作り出せるようになると、自由に電子回路を組み機械を組み上げることもできる。キャンプや秘密基地建設、機械いじり、電子工作、プログラミングといった男の子が大好きな遊びが、仮想世界に詰まっているのだ。

プログラミングは、英会話と並んで、親が子どもに学ばせたいスキルだ。書店の売れ筋で見ても、『小学生からはじめるわくわくプログラミング』(阿部和広、日経BP)などの学習書がロングセラーだ。より低年齢層に向けた絵本では、『ルビィのぼうけん こんにちは! プログラミング』(リンダ・リウカス、鳥井雪訳、翔泳社)や『なるほどわかった コンピューターとプログラミング』(ロージー・ディキンズ、福本友美子訳、阿部和広監修、ひさかたチャイルド)も売れている。

こういった知育の路線にマイクラをつなげて、「パパと子どもの遊びながら学べるコーナー」とするのはどうかと考えた。実際のところは、知育を口実にパパがマイクラ攻略本を買い込み、遊びまくるというコーナーだ。

❶ 日付を見ると、1冊入荷→そのまま棚に挿したとわかる。

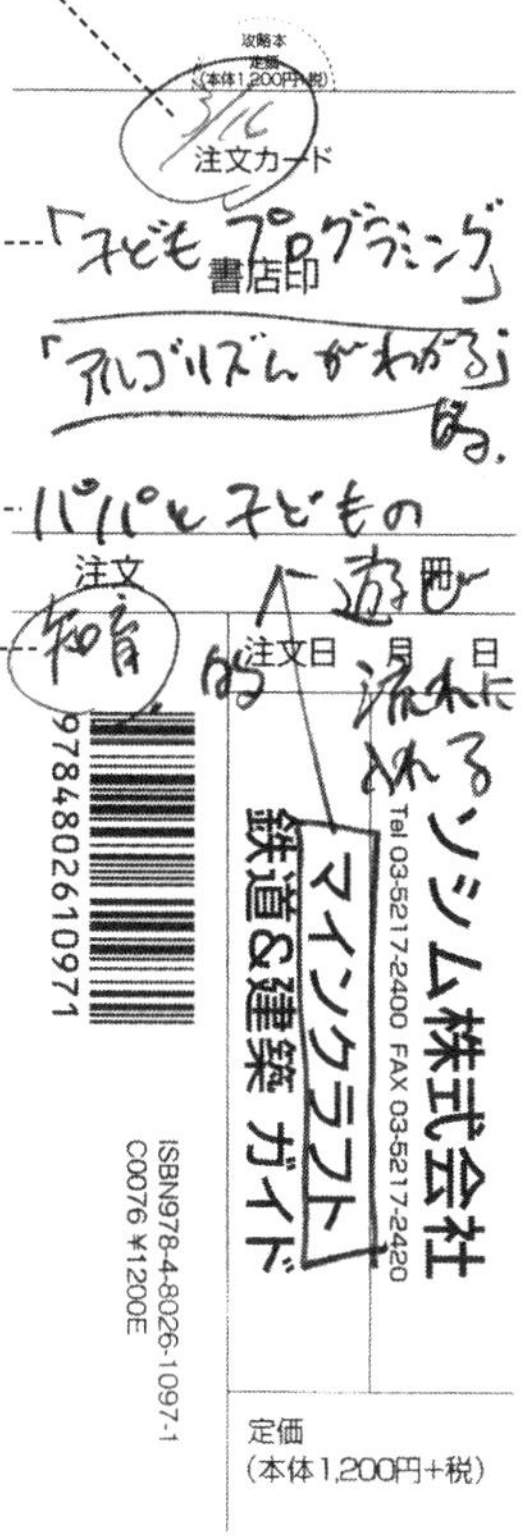

❷ 「知育路線」でコーナーをつくれないか、というメモ。

A10 紙の実用書だからできること

❶このお客様の買い方をヒントにして、他のお客様にも買ってもらえる品揃えと、このお客様が次に買ってくれる品揃えを展開したい。

まず、今の品揃えでは古臭いのではないかと疑問がわいた。デジタル環境で絵を描いている人は僕の予想以上に多いという前提に立って品揃えを考えたほうがいいのではないか。「デジ絵」という表現をウェブや雑誌で見かけることは増えた。また、pixivやニコニコ動画でイラストを発表する人々を「絵師」と表現することもよく目にする。まず、彼ら「デジ絵師」たちのツールや描きたいパーツ、発表媒体など、ひと通りをスリップ上のメモに書き出した。こういったキーワードを元に、書誌データベースやSNSを検索すると、ほとんどの基本的な技法やソフトの操作は、動画で解説されていた。紙の実用書は、より高度な内容のものか、人気のアーティストが直《じか》に教えるといった付加価値が必要なのかもしれない。

❷手を描くことは、やはりむつかしいようだ。Twitterでもたびたび質問や描き方のコツがやりとりされていた。人体を描くときに使える書籍として、SNSで話題になり書店でも売れたものとして思い当たるのは『スカルプターのための美術解剖学』(アルディス・ザリンスほか、Bスプラウト訳、ボーンデジタル)だ。美術解剖学に基づいた正確な図版が膨大に収録された5000円以上する書籍だが、大ヒット作となり、シリーズ第2作「表情編」も刊行されている。この2作のほか、各ソフトの解説書、人気絵師の監修した技法書、詳細な衣装資料集など、より踏み込んだ内容の書籍を漫画技法書の棚に組み込んだ。

❶ マンガ技法書の棚をどう品揃えすれば、描く人の役にたつものになるのかを考えようとした痕跡。

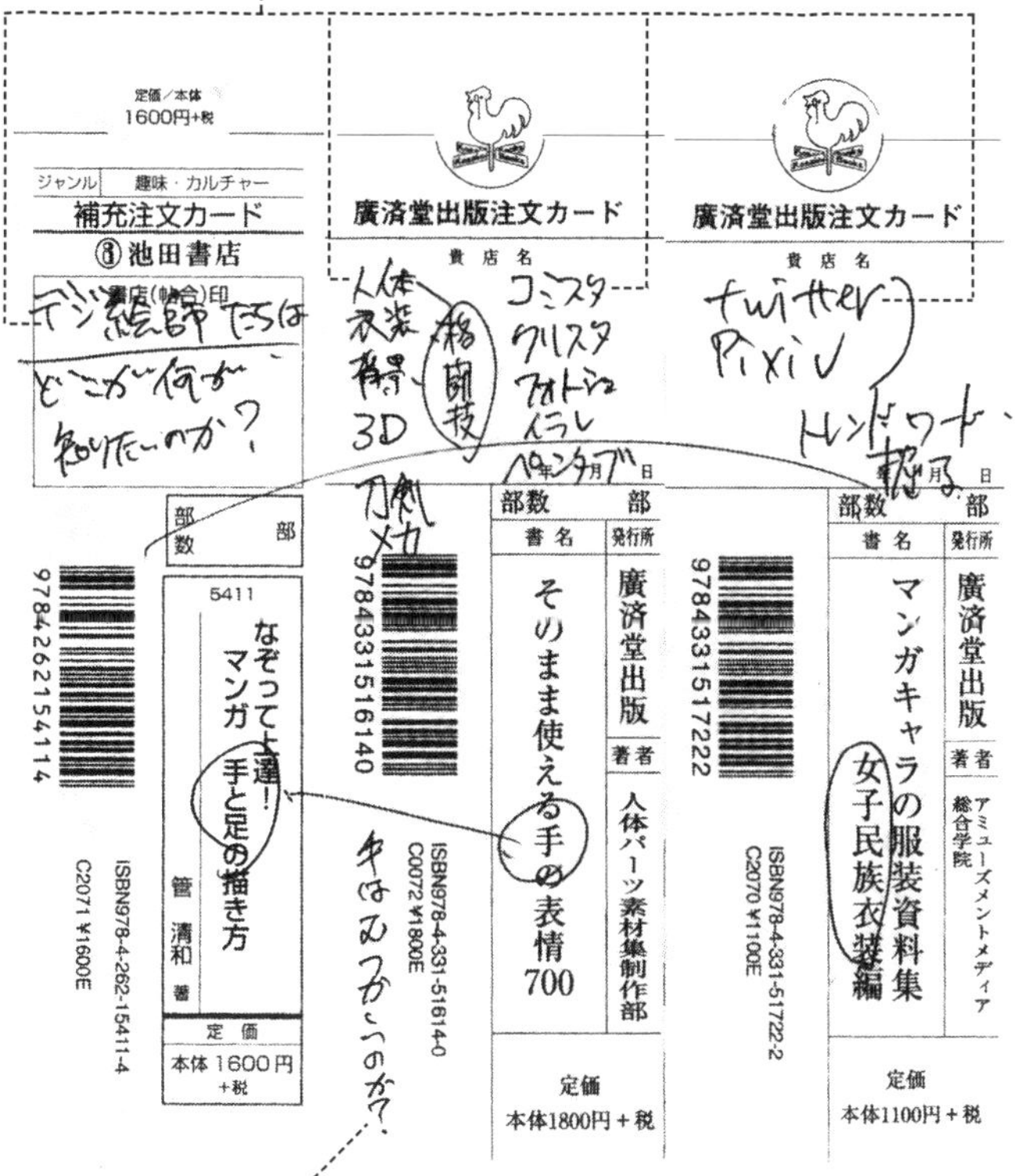

❷ 手を描くことは難しい→人体を描くときに使える本を考える。

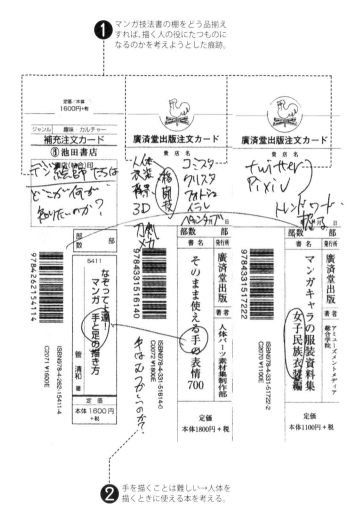

A11 置かれた場所で咲かなくなっても

❶同じ日のスリップの束から続けて現れ、つながりを感じた組み合わせ。『クワイエット・コーナー心を静める音楽集』（山本勇樹《ゆうき》監修）は、アコースティック楽器を多用した穏やかな作風の音楽や、内省的な詞を歌うものを中心としたディスク・ガイド本。演奏家や作曲家などのカタログ的知識を追うといったマニアックな部分がなく、リビングルームのBGMになりそうな音楽を、求めるムードごとに選べるように紹介した書籍。家具やカーテンを選ぶように音楽を探せるガイド本だと判断し、芸術書の音楽の棚ではなくメイン平台でインテリア書籍の隣に積んでいる。

『「待つ」ということ』は、待つという行為やそれにまつわる感情を考察することで人が生きることの意味を捉えなおす哲学エッセイ。著者の鷲田清一《きよかず》は現象学を専門にする哲学者だが、身体やファッションといった多くの人にとって関心の高いテーマを平易な言葉で語る著作で、幅広い読者がいる。大阪大学学長を務めたことや朝日新聞に「折々のことば」を連載していることから、知名度も高い。メイン平台で『孤独であるためのレッスン』（諸富祥彦《よしひこ》、NHK出版）や『14歳からの哲学』（池田晶子《あきこ》、トランスビュー）などの並びに置いていた。3点とも専門的なものではなく、普通の人にとって内省的な思索のきっかけになる良い入門書のロングセラー。目立つ場所に置き続けている。

❷『マインドフルネス 気づきの瞑想』は、スリップの印《しるし》によると棚挿しで、一度売れて棚に補充した△印があることから、これで二度、棚から売れたことがわかる。「マインドフルネス」は現在では流行の

❶ まとめ買いかどうかは不明。同じ日のスリップの束から続けて現れた3枚。

❷ △の印は「棚挿しで、一度売れて棚に補充したもの」の意。

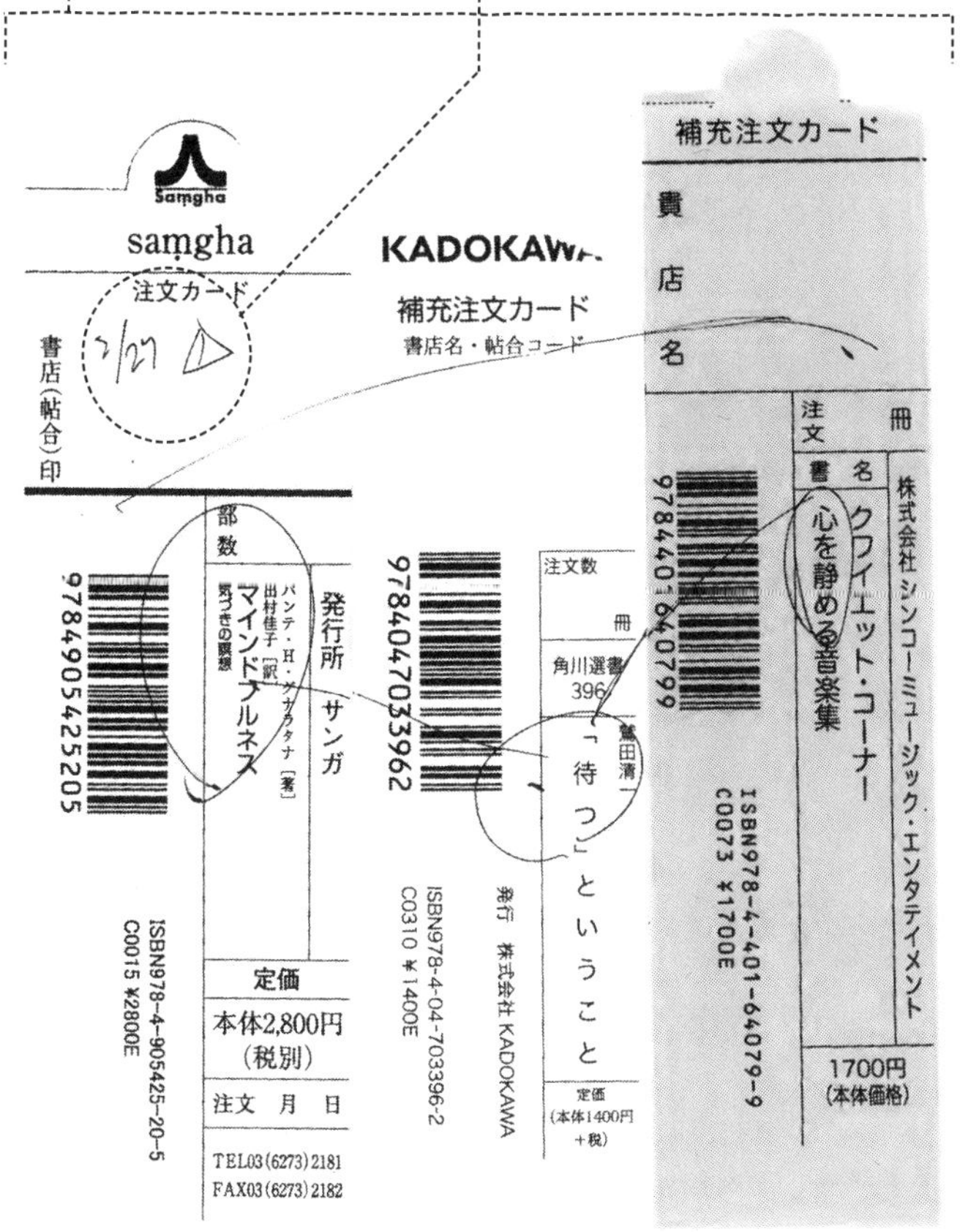

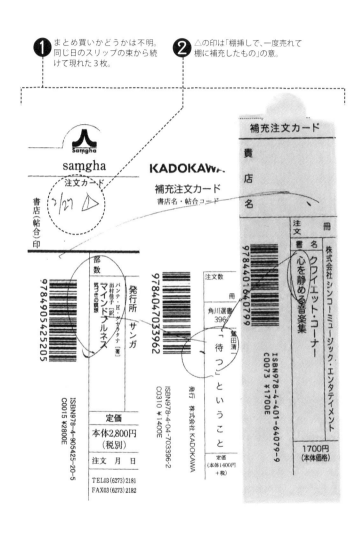

キーワードとなり、生活実用書やビジネス書でも大ヒットした書籍がいくつかある。本書は、その原書がアメリカで20年以上売れ続けているというマインドフルネスの定番書。ヒッピー文化由来のスピリチュアリズムがシリコンバレーのテック系起業精神と結びついて広がり、現代的なビジネスマンの自律的なかっこいいスタイルとイメージされるようになった。『サーチ・インサイド・ユアセルフ 仕事と人生を飛躍させるグーグルのマインドフルネス実践法』（チャディー・メン・タン、柴田裕之訳、英治出版）などの売れ筋と隣り合わせて2冊ほど平積みにするのも良さそう。

それぞれの場所で売れ方が鈍くなってきたとき、このスリップの組み合わせをヒントに「自分と向き合う時間」といった括《くく》り方でこの3点を集めて積み直せば、また別のお客様の目に止まって売れそうだ。

A12 決めてかかるな

❶ △印に2とあるのは、これまで棚挿しから2回売れたというメモ。今回で3回目になる。棚に1冊しかないものを見つけて買ってくれたことが2回もあるのにこれまで平積みや面陳に格上げしなかったのは、ピアノを習っている中高生あたりが読む特殊な本と大雑把に決めてかかっていたから。

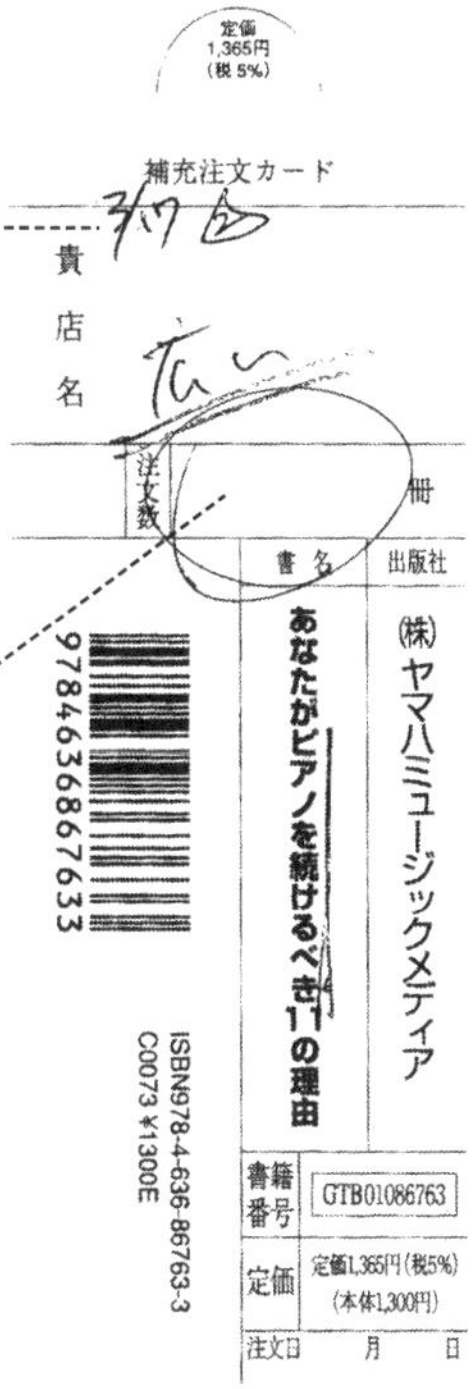
定価 1,365円 (税5%)
補充注文カード
貴店名
注文数 冊
書名 あなたがピアノを続けるべき11の理由
出版社 (株)ヤマハミュージックメディア
9784636867633
ISBN978-4-636-86763-3
C0073 ¥1300E
書籍番号 GTB01086763
定価 定価1,365円(税5%) (本体1,300円)
注文日 月 日

❷ しかしよく考えれば、ピアノを習っている人は幅広い年齢にいるだろうし、子どもの頃に習っていたがやめてしまった人はこの店のお客様にも相当な数でいるはず。この本を目にして「あのときピアノを続けるべきだった。また始めたい」と思うのではないか。そう考えると読者層は広いと考え、追加発注。

A13 悔しい判断

❶別のお客様が買ったものだが、この2つを並べて積むのもいいかもしれないと考えた。

❷花森安治《やすじ》の思想は、まさに地に足をつけて他の誰かのものではない自分自身の生活の豊かさを作りあげることを志向しているはずだが、ただこの画文集を平積みにしてもその雰囲気が出ず、ふわふわしたものになりそうだという違和感があった。花森には、優美で質素な生活を提案する面だけでなく、社会変革の理想や政治的な主張をかけて戦う硬い意志や、周囲から変人と見られることを恐れない勇気があったのではないか。そういうゴツゴツした強さや危うさがなくてはつまらない平台になる。

　花森の画文集の右隣に『民藝の教科書① うつわ』(萩原《はぎはら》健太郎、久野《くの》恵一監修、グラフィック社)や『「北欧、暮らしの道具店」の心地いいすっきり暮らし』(クラシコム、加藤郷子《きょうこ》編著、マイナビ出版)を積み、花森の左側には『100の基本 松浦弥太郎のベーシックノート』(松浦弥太郎、マガジンハウス)や『「限りなく少なく」豊かに生きる』(ドミニック・ローホー、原秋子訳、講談社)などを積むことを想像してみる。よくある「清く正しいモダンなビューティフル・ライフ」的な選書だ。しかし、無難にまとまりすぎていて、どうしても買わなければという感情を掻《か》き立てることができないと感じる。

　とくに、花森と松浦という『暮しの手帖』新旧編集長の並びは、分類法的には正しいが、並べることでプラスの相乗効果は生まないと感じる。むしろ、説教臭さが二乗されて鼻につくかもしれない。それぞれ離して積んだほうが売れそうだ。

❶ この2点は、それぞれ別のお客様が買われたもの。

❷「地に足のついた生活提案」とメモした。

❸ 花森安治の読者層を広く捉えたいと考えた。

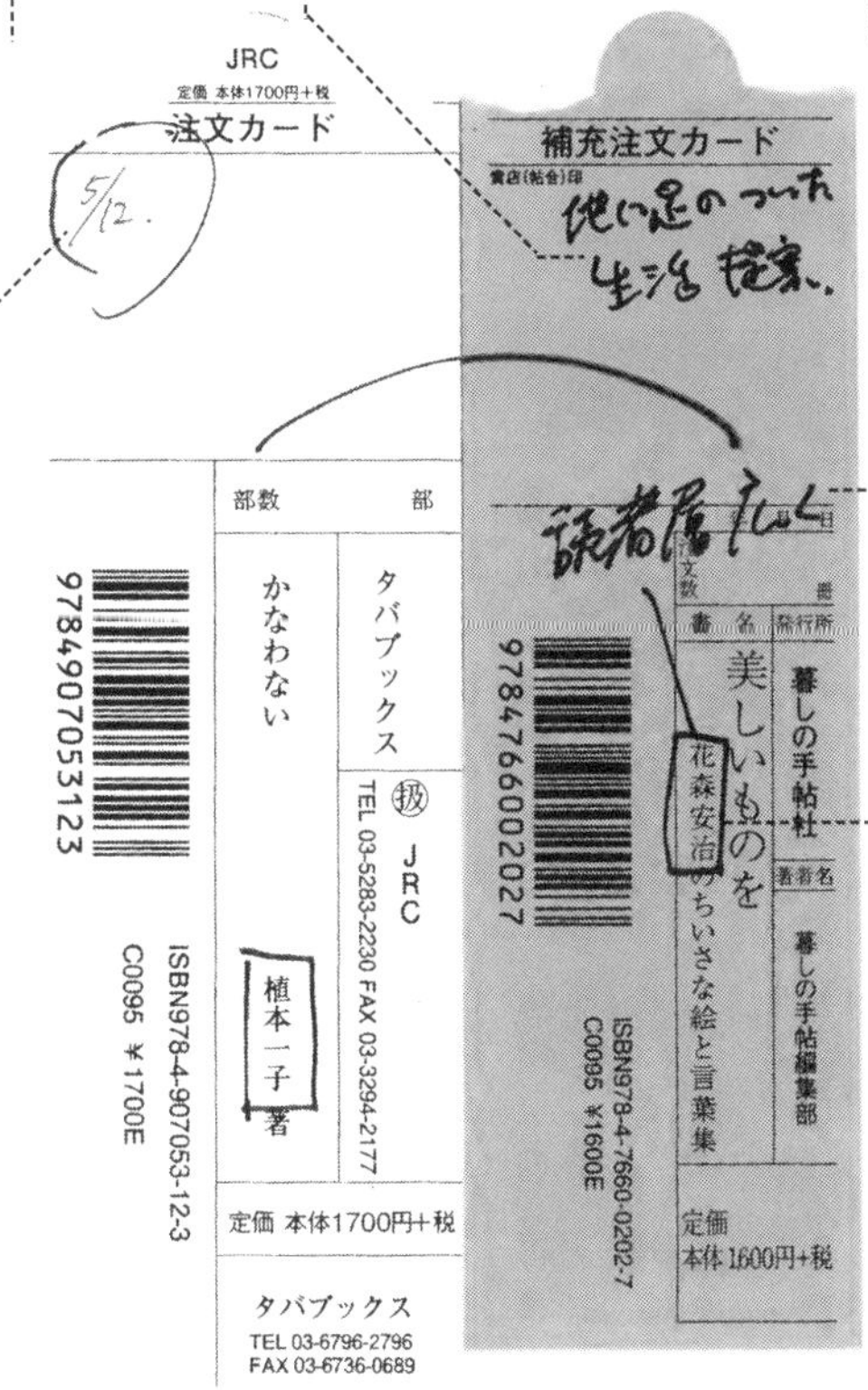

❹ 日付を見ると、棚差しにした途端に売れたとわかる。

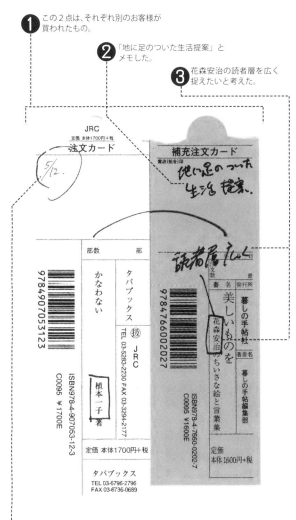

高所からライフスタイルを押しつけるのではない、同じ目線の高さで考えるような品揃えをしたいと考えたとき、植本一子《いちこ》を花森安治の隣に積んでもつながると気づいた。彼女はこの日記に、写真家としてではなく、ミュージシャンの妻としてでもなく、30代のひとりの女性として、結婚生活の葛藤や、子どもたちへの思い、新しい恋人への思いを、徹底して飾ることなく書き留めている。他人のものではない自分の暮らし方をしようとする切実さがあるこの本なら、花森安治の言葉とちょうどいいバランスを演出するかもしれない。

❸年配のお客様が花森安治の『美しいものを』を買おうとして、植本一子もうっかり買うことはないかもしれない。しかし、植本一子を知っていて買おうとするお客様が花森安治を買うことは想像できる気がした。すぐに理由は思いつかなかったが、いいアイディアに思えた。

❹あれこれと理屈をこねたのだが、単に『かなわない』をまた平積みにしたかっただけ。棚挿しにした途端に売れたものだから、平積みに見切りをつけた自分の判断が悔しくて仕方ない。

A14 棚から3回の20刷

❶ 棚挿しから売れたものだが、△印に2とあることから、
これまでに2回、今回で3回目だとわかる。
前回、棚に補充する際に奥付を確認したところ20刷もしていることに驚き、
メモしておいた。そのロングセラーを、また別のお客様が棚から選んで
買ってくださったのだから、やはりお客様の選書眼を低く見積もっては
いけない、むしろそれに学ぼうと思わされる瞬間。

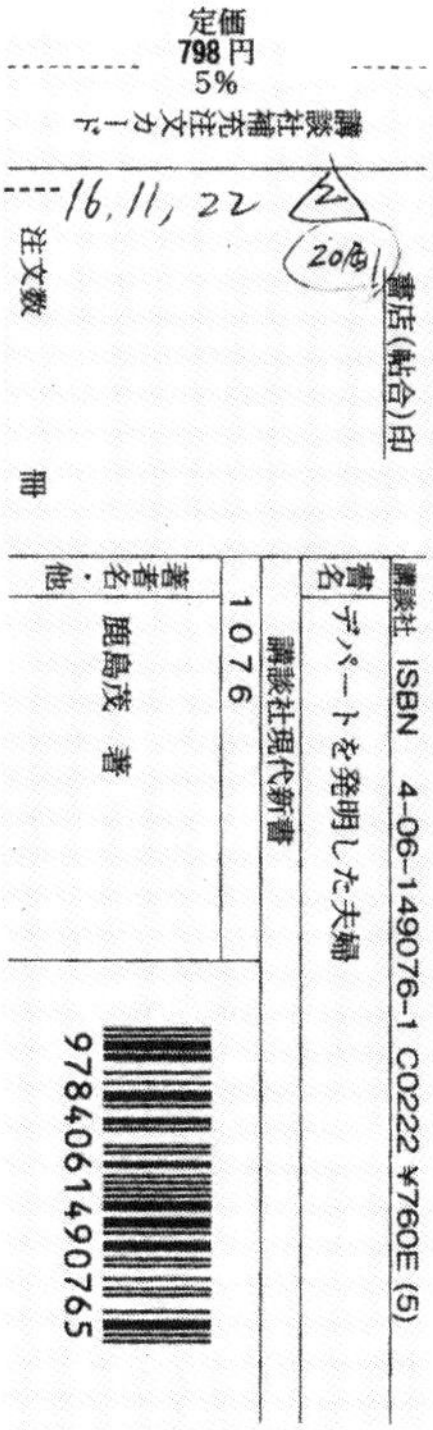

A15 コロコロを大人に売る

❶ものすごく性格が悪く、口も悪いが、なぜか憎めない消しゴムが主人公の短編マンガ・シリーズ。コロコロコミックスの単行本だけに、小学生客の少ないこの店では、目立つ場所で平積みにして売り伸ばす機会がなかなかなかなかった。しかし、大人向けに平積みで売り伸ばすことができるのではないかと思い、メモ。

「文具王」と書いたのは、文具マニアが高じて文具ライターとなり、現在では実際に文具メーカーで開発担当者となった、文具王の愛称で知られる高畑《たかばたけ》正幸のことだ。雑誌売場では、彼の著書『究極の文房具カタログ』(河出書房新社)や、『100%ムックシリーズ 文房具完全ガイド』(晋遊舎)といったカタログ的なムックなどが売れていた。

その売場に『文房具図鑑 その文具のいい所から悪い所まで最強解説』(山本健太郎、いろは出版)を積んでみたところ、予想外に売れた。小学6年生の男の子が、大好きな文房具を夏休みの自由研究課題に選び、手書きのイラストと文章で168アイテムを解説したものだ。雑誌売場の男性ファッション誌とビジネス誌の境目のあたりに組み込むことがこの本にとって適切だったかどうかは迷うところだが、とりあえずこの場所のテーマを「文房具」にして仲間に加えられそうな本を探していたところに、ちょうどよく『ケシカスくん』の売上スリップが現れた。

❷ヨシタケシンスケの優しくて繊細なイラストや心理描写と、ケシカスくんの憎々しい顔つきや小学

❶ 大人向けに売り伸ばすことができるのでは＋「文房具」をテーマにして仲間に加えられそうな本を探していた。
❷ どこが「近い」のかと言われると説明が難しいが。
小学館
コミックス
小学館 定価(注文)カード
取次・書店印
文具王
大人に
注文
冊
コロコロコミックス
2379
ケシカスくん
おうちでクッキング編
村瀬範行
ISBN978-4-09-142379-5
C9979 ¥429E
定価: 本体429円
+税
小学館
コミックス
小学館 定価(注文)カード
取次・書店印
大人のツボなのに
近い？
注文
冊
コロコロコミックス
2178
ケシカスくん
爆走！ラジコンレース編
村瀬範行
ISBN978-4-09-142178-4
C9979 ¥429E
定価: 本体429円
+税

生男子が大好きな下ネタ・ギャグのどこが近いのかと言われると説明が難しいが、大人の男性にとっては、くすぐられる心のツボが近そうだと感じた。どちらも、大人になっても捨てられない「心のなかの子ども」をうまく捉えている。ここで「インナーチャイルド」などというと、幼児期のトラウマを癒すスピリチュアルなカウンセリング――といった方向にいってしまうが、そうならずにクスッと笑っているうちに癒されるさりげなさが魅力なのではないだろうか。

それに、ヨシタケシンスケの描く男の子も、ケシカスくんに劣らず頻繁にちんこを出している。それなら、ヨシタケシンスケと同じくらいとまではいかなくても、ケシカスくんにも、もっと売れる可能性がある。

A16 1冊で何度もおいしい

❶ ☆印は、たくさん注文して仕掛けようという気持ちの表れ。食事や運動をテーマにした肉体的な自己啓発本は最近の売れ筋だ。この書籍はそのトレンドを踏まえて、仕掛け売りされることを狙っている印象。タイトルに「事典」とあると、1冊で何度もおいしいお得な感じも出る。

❷ 発行元のクロスメディア・パブリッシングは、仕掛け向きの書籍を多く出版している。売れているビジネス書や女性ライフスタイル書の要素をうまく抜き出すことに長けている印象だ。このように、出版社のスタイルを大まかにイメージしておくと、販売手法を考えるヒントになる。

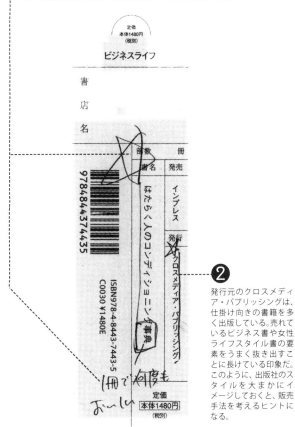

A17 技法書の「階段」を作る

❶ギターコード・ブックやロック、ポップスの楽器入門書は、各社から書籍単行本やムックなどが頻繁に刊行される。それぞれの配本数がたとえ1冊でも、いつの間にか棚が似たり寄ったりの入門書でいっぱいになってしまう。これらの技法書は、芸術書棚の音楽コーナーではなく、雑誌売場で面陳什器の下段に挿してある。そうなると1段の棚を定期雑誌や他のムックと奪い合うことになり、棚からはみ出したものを平台の上で立てて挿す「カマボコ」陳列になってしまう。これでは乱雑な印象をお客様に与える。しかも、その陳列で売れているならまだしも、そうではない。配本されたものをどうにか売場に詰め込んだだけだ。ただ挿して売れるのを待つのではなく、棚効率を高められないものかと考えた。

❷使用できる棚幅を決めて、そのなかで楽器ごとに「易しい→使える→深い」と難易度の階段を想定して、それぞれのレベルを代表する書籍を絞り込んで品揃えしなおすことをスタッフに提案するメモをスリップに書いてある。そのアイテムから何かひとつ、アイキャッチになりそうなものを平積みにすればいい。

ギターのコード本を例に考えてみる。入門者には、たとえば『大きく見やすい！ギターコードブック』(ヤマハミュージックメディア)。和音の理屈は抜きで、大きく見やすい図のとおり弦を押さえればいい。

中級者には『ギター・コードを覚える方法とほんの少しの理論』(いちむらまさき、リットーミュージック)。基本的な和音の仕組みは理解でき、押さえ方もひと通り指が慣れてきたといった人なら、あとは膨大な

❶ 日付を見ると、棚に挿してから半年以上経過して、ようやく買ってもらえたとわかる。

❷「難易度別の品揃え」を考えているメモ。「3つくらいに―」は、スタッフへの提案。

コードをがむしゃらに覚えるよりも、仕組みを理解して演奏できるようになればいい。その方法を、専門用語を使わずに解説した使える本。

上級者には『決定版 コード進行スタイル・ブック』（成瀬正樹、リットーミュージック）はどうだろう。コードもわかるし、弾ける曲のレパートリーも増えてきたから、次は自分の曲を作りたい。では、どんなコード進行をすれば良い曲ができるのだろう。それなら、多様なスタイルの楽曲を実例に挙げながら、コード進行のもたらす効果を解説したこのロングセラーだ。

こういった「階段作り」は、絵画、スポーツ、料理など、さまざまなジャンルの技法書棚で有効だ。棚担当者自身がその楽器やスポーツをやっていなくても品揃えはできる。担当しているジャンルの雑誌をパラパラとめくれば、書籍単行本の広告や書評が目に入る。また、記事をいくつか読めば、読者が何を知りたいのか、何ができるようになりたいのかを理解することができる。そこから具体的な人名やキーワードをリストアップしておけば、そののち技法書の棚作りのために書籍を検索するときに無駄にウェブを徘徊することがない。

A18 BL出身を掘る

❶ あまりマンガを読んでいない僕がたまたま読み面白いと感じた作品が売れたので、これは幅広いお客様に受けるのではないかと、ただ主観的に期待して☆印。

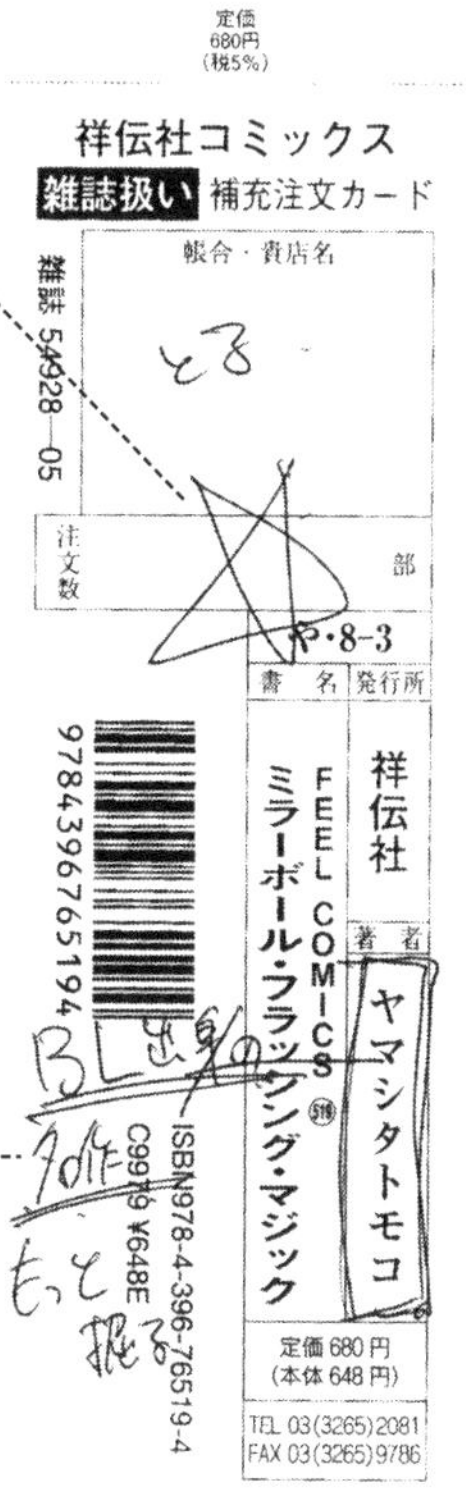

❷ オノ・ナツメをはじめ、中村明日美子、ヤマシタトモコ、えすとえむ、雲田はるこなど、BL作品も描くが、より普遍的なラブストーリーでも読ませる作家を、男女両方が見つけやすい場所で売るために掘り起こしてはどうかというメモ。

A19 男女両方に

❶この3冊は、実際にまとめ買いだったかははっきりしないが、同日の売上スリップのなかから見つけた「あり得る」組み合わせ。この並び方を売場の平台にそのまま採用できそう。僕はここで「男女のクロスする場」に積むべき組み合わせだ——というメモを書いている。

お店のメイン平台や各ジャンルのいちばん目立つ平台や棚には、男性客の動線と女性客の動線が交わる場所を設けることと、男女両方の読者を獲得できそうな書籍をそこに積むことを意識している。文芸書の棚では、著者の性別で棚と平台を分けることが多く、男女両方が買うから売上が伸びると予想できる書籍を効果的に陳列することに毎回悩む。そのため、男性的な流れと女性的な流れが合流する地点が平台の上で目立つ場所になるよう配慮している。

この3冊はいずれも、男女両方に支持されてきた著者の間違いなく売れる新刊。バラバラに積んであってもそれぞれに売れるものだが、組み合わせてメイン平台の「男女合流地点」に置くことで、そこが男女両方にとって重要な新刊が積まれる場所だと強く認識してもらえる。その「場の力」を利用して、今後も男女にまたがる重要なテーマの書籍を売ることができる。

❷この本を「待機児童問題」、「保育行政のあり方」、「保育と市民政治」という切り口で人文書の流れに組み込むことも間違いではない。しかし、当事者である子育て中の若い親たちに、あまり構えずに読み物として買ってもらうチャンスを最大化するには、小説家たちのエッセイと一緒に話題書の平台に積

❶ 同日の売上スリップの中から見つけた「あり得る」組み合わせ。

❷ あまり構えずに読み物として買ってもらうには。

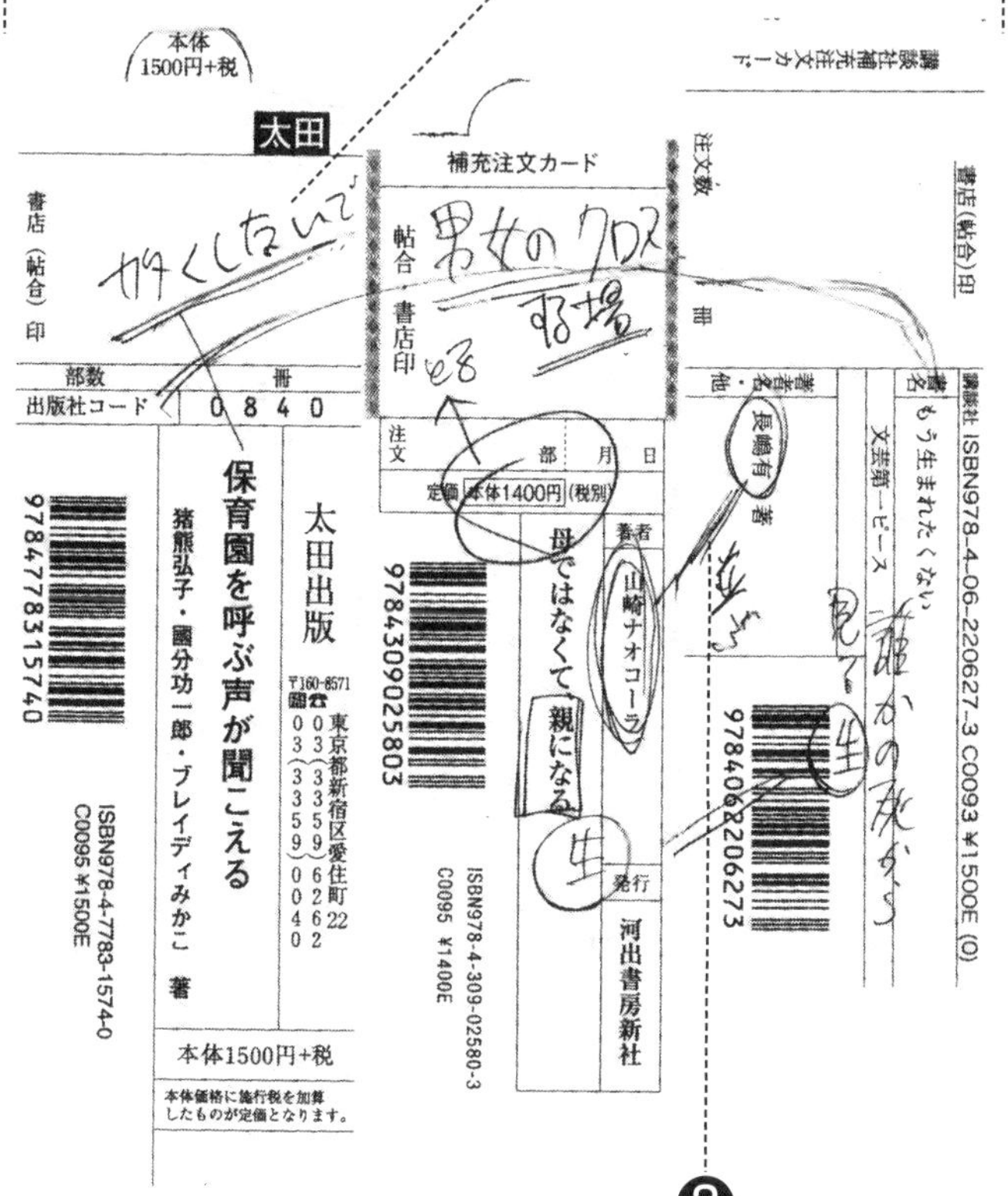

❸ これまでの売れ方から考えても読者が重なると思われる。

むことが、共働き夫婦が日常的に利用するこの店には適している。

❸長嶋有《ゆう》と山崎ナオコーラは、過去にも同じお客様が買われた記憶が僕にはある。フラココ屋という古道具屋の2階に居候する謎の（ミステリアスではなく、単によくわからない）青年が、彼と同じく社会に適応できない（がそれを苦にしていない）ちょっと変な人々についてとつとつと語るという長嶋有の『夕子ちゃんの近道』（講談社文庫）と、横柄でプロ意識の高い女性写真家のニキと彼女に振り回されるアシスタントの男性の、すれ違いがもどかしい恋愛を描いた山崎ナオコーラの『ニキの屈辱』（河出文庫）だ。同じお客様が買われたことが印象に残り、この2冊を読んでみたことがある。どちらも、世間で通りのいいステレオタイプの生き方に適応できない人々の生きづらさと自由さを、深刻ぶらずに描いたところが似ている。『もう生まれたくない』は有名人の訃報という他者の死を通して自分の生を見つめ直す。『母ではなくて、親になる』は、出産と育児という新しい人生に直面し、「良き父母」といった社会通念では捉えきれない自分自身と家族の生活を綴る。内容から考えても、隣り合うにはいい組み合わせ。

A20 どう売ればもっと伸びる？

❶ 日付を見れば棚挿しから売れたものとわかる。こういったテーマの文庫は棚で1冊ずつ売るよりも、仕掛けるか、やらないかのどちらかといったメリハリが必要だ。類書も含めて売れそうなものに絞って積むといい。

❷ 「Web 在庫見る」＝取次のデータベースで在庫を確認、の意。取次のデータベースを使うときは、書誌検索の結果一覧リストに記載してある取次の在庫数を目印にすると、売れている既刊の目星が手早くつく（詳細は第4章参照）。これに限らず、売上スリップで「あれ？」と感じたことは、すぐに「どう売ればもっと伸びるのか」と考える習慣が大切。

B 業務連絡

同僚への業務連絡をスリップに書き込む。急ぎの指示ならそのスリップを本人に手渡し、各自が考えるべきことへのアドバイスなら、そのスリップを束のなかに戻す。

B01 あえて外野から口出し

❶『君の名は。』の映画化を受けてのコミカライズなのだから、当然平積みもするし、実際売れる。しかし、あともうひと手間かけて売場を作ってはどうか。新海誠作品の持つ甘酸っぱく透明感のあるロマン主義的(と僕は感じる)世界感は、このコミックス単行本だけでは充分に表現されていないのではないか。それなら、新海誠監督のアニメ『ほしのこえ』をコミカライズした佐原ミズ(講談社)も加えたほうがいいのでは――とコミックス担当者に提案するメモ。佐原ミズを境目にして、新海誠コーナーから「エバー・グリーンなボーイ・ミーツ・ガールズ」を描いた本へと展開することも可能になる。

コミックス担当者の時間感覚からすると、10年以上も前に刊行された既刊が今さら売れるのかという疑問もあるかもしれない。試す価値はあると思い、あえて外野から口出ししてみる。

❶ 10年以上前の既刊をコミックス担当に提案。

B02 児童書担当に促す

❶石津ちひろには、翻訳だけでなく、自身の絵本作品に『おやおや、おやさい』（山村浩二絵、福音館書店）などのロングセラーもある。「ちょっと既刊を掘り出してみたら」と、児童書担当者に促す意味もある。

❷石津ちひろの翻訳作品には、大人がほしくなるアート・ブックとしての絵本もいくつかある。『あおのじかん』（イザベル・シムレール、岩波書店）や、『スワン―アンナ・パブロワのゆめ』（ローレル・スナイダー、ジュリー・モースタッド、BL出版）などが思い当たる。石津訳に限らず、海外絵本を中心に大人向けの面陳をいくつか揃えてみてはどうか――という意図も込めたメッセージ。

児童書担当者はコミックスと趣味実用書の担当を兼任しており、児童書を担当し始めてから日が浅い。真面目に取り組んでいるが、業務量の多さから余裕がなく、日々の新刊を品出しすることで手一杯の様子。僕があれこれと具体的な指示を出しても対応しきれないと考え、ひとまず短いアドバイスや印《しるし》を書くだけにとどめた。コミックスの入荷が少ない日を見計《みはか》らって、声をかけて補足説明をする。こうした促《うなが》し方を何度か繰り返すことで、自主的に既刊を掘り出す習慣や、スリップから既刊を掘り出すヒントを読み取ることを、彼自身でできるようになってほしいと期待している。

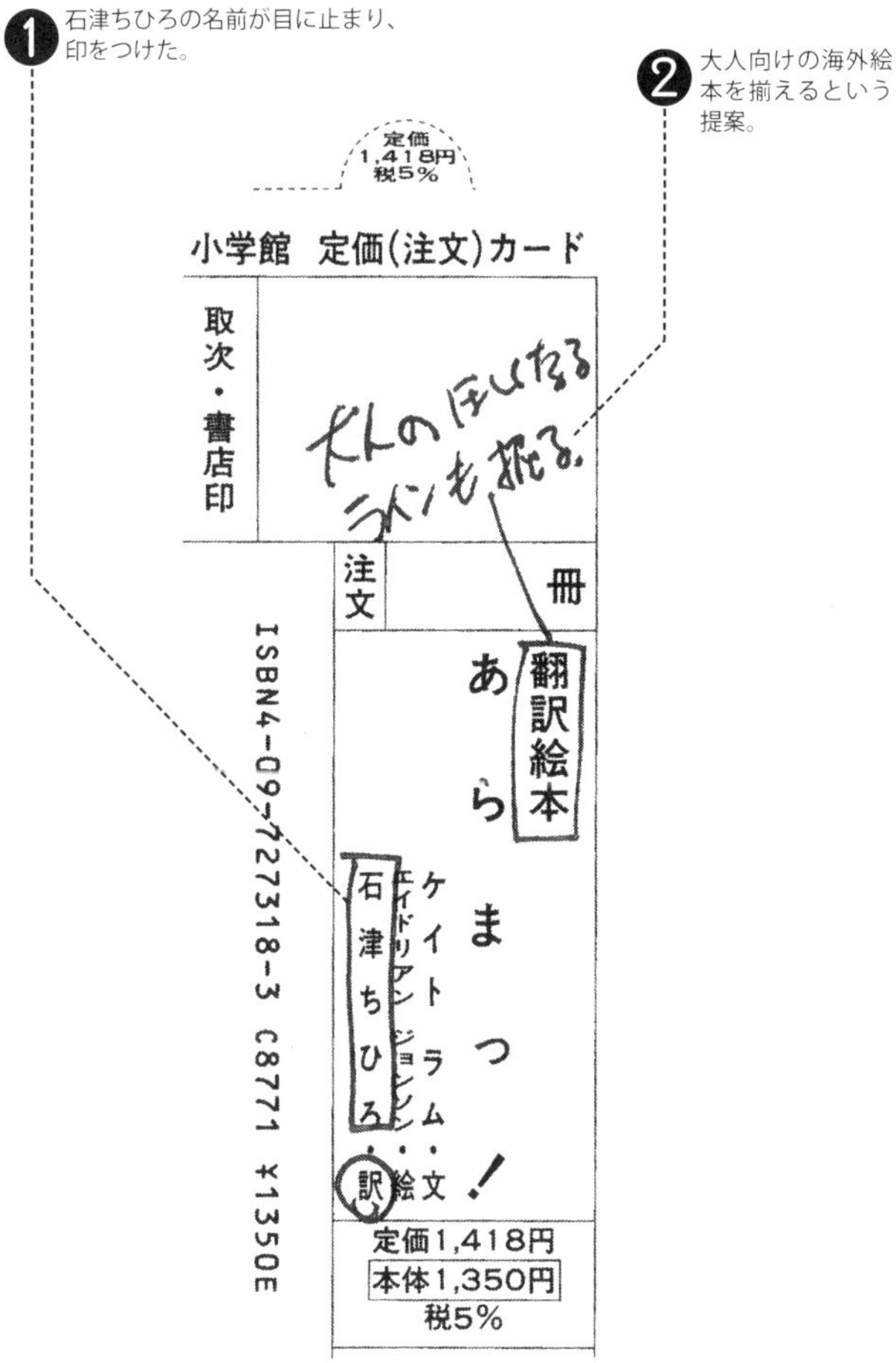

❶ 石津ちひろの名前が目に止まり、印をつけた。
❷ 大人向けの海外絵本を揃えるという提案。
定価 1,418円 税5%
小学館 定価(注文)カード
取次・書店印
注文
冊
翻訳絵本
あらまっ!
ケイト・ラム・文
エイドリアン・ジョンソン・絵
石津ちひろ・訳
定価1,418円
本体1,350円
税5%
ISBN4-09-727318-3 C8771 ¥1350E

B03 後輩に事例を示す

❶「カサにかかる」とは、「当然大ヒットしそうなものが早速売れ始めたのだから、今すぐ大量に仕入れて嵩《かさ》にかかるように攻めの姿勢で売れ」という意味。独り言のようなメモだが、後輩たちに「こういう書籍が出たときに、こう判断する」という事例を伝えようとしている。

❷「この本は売れそうだ」と考えるいちばんの根拠は新刊の箱を開けて初めて手にしたときの印象だが、スリップにもヒントがある。『どんなに体がかたい人でもベターッと開脚できるようになるすごい方法』（Eiko）など、同種の書籍でも大ヒット作のあるサンマーク出版が書籍単行本に1000円という手頃な値づけをしているのは〝怪しい〟。

❸また、「体幹」を鍛える効果を説いて売れた書籍は『長友佑都体幹トレーニング20』（長友佑都、ベストセラーズ）など、いくつも挙げられる。たとえ現物を見たことがない書籍についても、このようにスリップに記されたキーワードや価格からピンときて発注することもある。そのとき、手元にある売上スリップは、「1冊はお客様が買った」という事実として後押しになる。

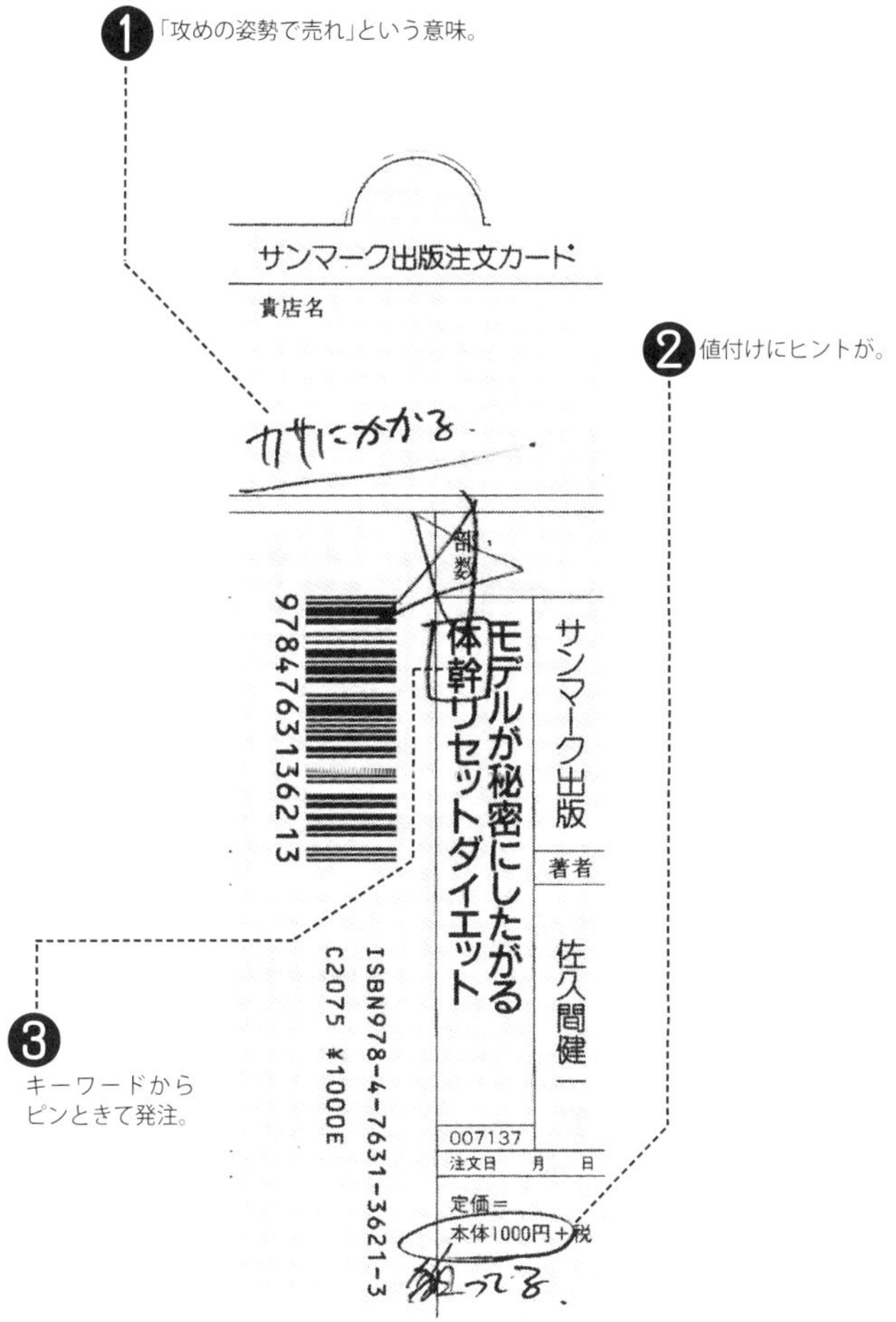
❶「攻めの姿勢で売れ」という意味。
❷値付けにヒントが。
❸キーワードからピンときて発注。
サンマーク出版注文カード
貴店名
カサにかかる.
部数
サンマーク出版
モデルが秘密にしたがる体幹リセットダイエット
著者
佐久間健一
9784763136213
ISBN978-4-7631-3621-3
C2075 ¥1000E
007137
注文日 月 日
定価＝本体1000円＋税
狙ってる.

B04 まだ追加してないの？

❶新刊で4冊入荷してから1ヶ月近く経過した時点でまだ追加発注ぶんを入荷した様子がなかったことから、「追加していないの？」と文庫担当者に注意を促すメモ。新刊配本の冊数でとりあえず売れ行きを見ようと考え、それきり忘れてしまうことは誰にでもよくある。この文庫は3冊くらい追加して品切れさせないようにコツコツ売り伸ばすべきだと僕は考えているが、店長の立場から口頭で「追加して」と指示すると、文庫担当者は大きく受け止めて発注数を多くしすぎてしまう可能性がある。そう考え、強くなりすぎない書き方を選択した。

❷大ヒットとまでいかなくても、新刊配本の4冊をなりゆき任せで消化する以上には売り伸ばせるはずだ。「生命のトリセツ」というわかりやすいタイトルやポップな装画から判断しても、生物学の手軽な入門書として売れそう。そう考えるのは、専門書から子ども向けの入門書まで硬軟を書き分けられる長沼毅《たけし》の既刊ラインナップやその売れ行きから期待できるから。

また、彼の既刊『形態の生命誌』（新潮選書）は、この店のロングセラー。『流れとかたち』（エイドリアン・ベジャン、J・ペダー・ゼイン、柴田裕之訳、紀伊國屋書店）、『波紋と螺旋とフィボナッチ』（近藤滋、学研メディカル秀潤社）などと組み合わせて、「生命のカタチ」というテーマの平積みミニ・コーナーにしていた。そういったことを踏まえて取り組んでみてほしい——という文庫担当者へのメッセージ。

❶ 文庫担当者に注意を促す。

❷ 売れ行きが期待できる著者だということを文庫担当者に伝えるメモ。

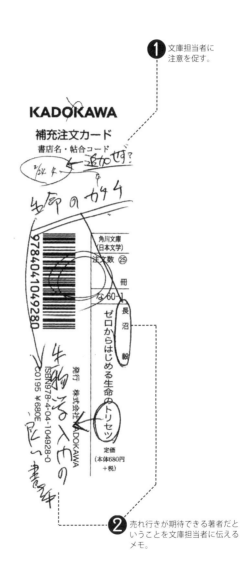

B05 すぐ棚に挿さないで

❶この月のハヤカワ文庫新刊ラインナップのなかでは、この翻訳ミステリーが売れそうだと推測していた。しかし、スリップの入荷数メモを見ると文庫担当者の発注判断は消極的だ。そこで、もっと追加して正面のエンド平台に積むように提案を書き込んだ。「反応速かった」とは、積んでから比較的早い時期に最初の1冊が売れたことが印象に残っていたことのメモ。

❷前月下旬の新刊だが、日付の書き込みを見ると、文庫担当者は配本されたものをすぐに棚に挿したことがわかる。僕は刊行されたことを見過ごしていたが、このお客様が買ってくれたことで目に止まった。自分が売れると見込んでいる『眠る狼』を選んでくれたこのお客様が、このファンタジー・シリーズの第1巻も面白そうだと感じて買ってくれた。それなら、これから刊行される2巻、3巻も追加発注して平積みにして試すべきだと考えた。しかも、訳者に山形浩生《ひろお》の名前がある。最近は経済書や科学ノンフィクションの翻訳が多いが、SFやファンタジーは彼の原点であり、趣味性が強く出るジャンルだ。彼自身が面白いと判断して翻訳を担当しているのであれば、やはり売れるのではないか。

❸こちらもまったくノーマークで、棚に挿さっていたもの。タイトルに惹かれて調べてみると、都会の片隅でひっそりとたたずむ書店を入り口にして展開していくポップなファンタジーだという。同じ東京創元社の『ペナンブラ氏の24時間書店』(ロビン・スローン、島村浩子訳)を連想させる。このお客様が選んだという点でも、きっと面白いに違いないと感じる。

❶ 実際にあったまとめ買い。お客様の買い方にヒントをもらった例。

❷ 日付の隣にある「N」は「New」の頭文字。

❸ まったくノーマーク。タイトルに惹かれて調べてみる。

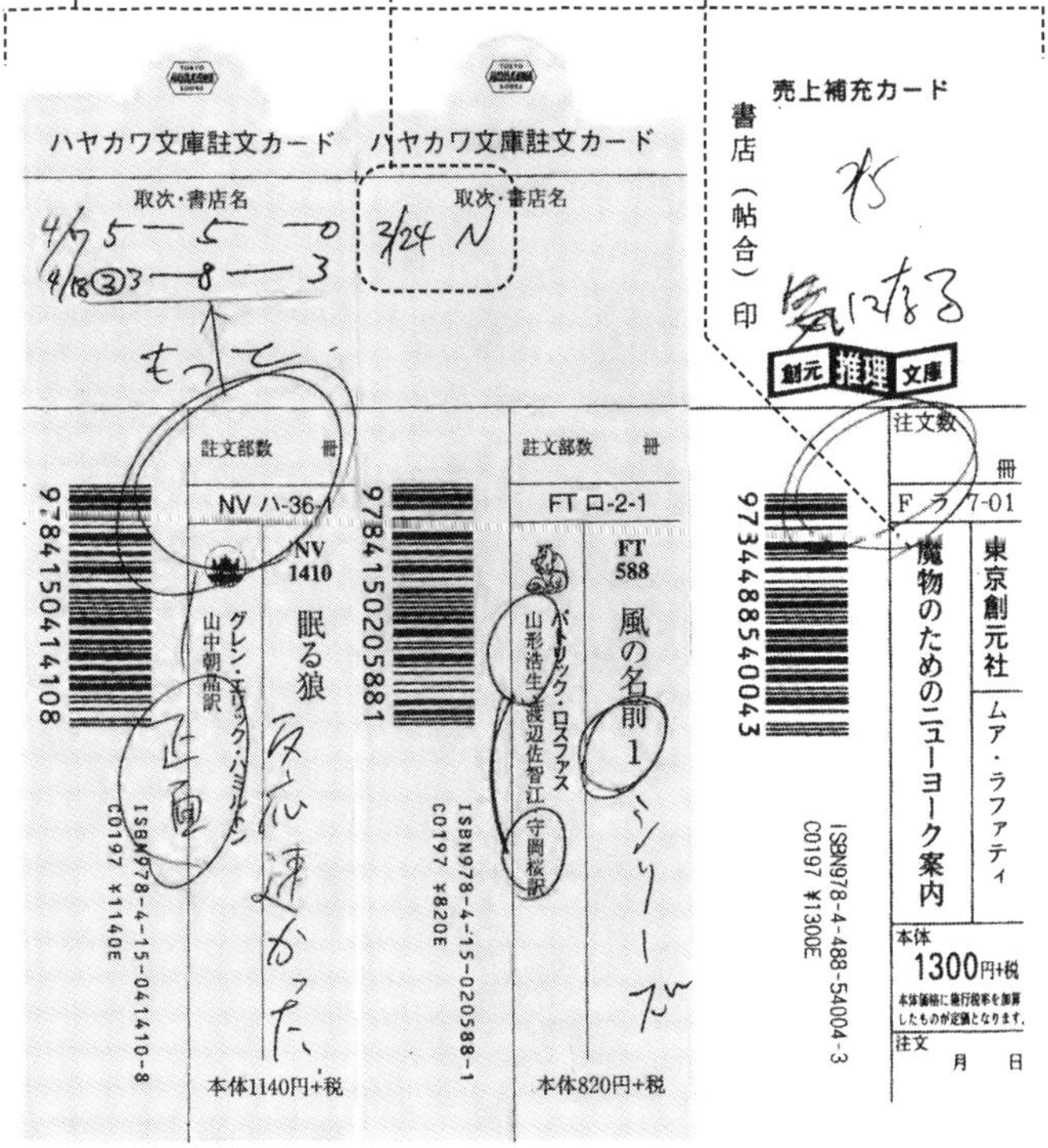

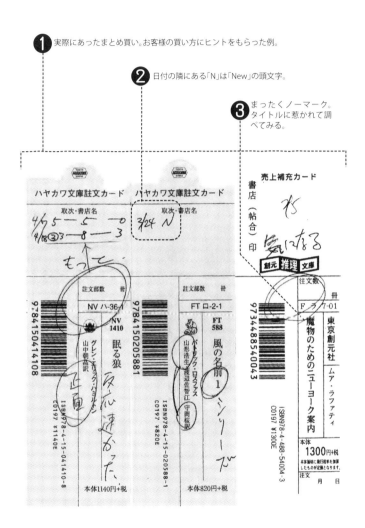

B06 日付あったほうがいいよ

❶このスリップのボウズはかなり日焼けしている。長期間、棚に挿さっていたことがわかる。このシリーズは、このお客様が棚にまだ残っている続きの巻を買うかどうかしばらく様子を見て、返品してしまってもいいのではないか。

コミックスの棚挿しには日付を記入していないことが多い。毎日の入荷量も多く、シュリンク・パックをする手間もあることから、日付を書く余裕がないと担当者が感じるのは理解できる。また、棚に長く売れ残っているものを返品するときに、1冊ごとに判断するよりもシリーズ単位で扱うことが多いため、すべてのスリップに日付を書き込む必要がないと考えるのもわかる。

❷しかし、実際は棚で売れていないものは多い。売れていないことは担当者自身がおおよそは感じているはずだが、どれが何ヶ月間売れていないのかを日付で見なければ、すぐに具体的な策を打つきっかけにはなりにくい。

シュリンク・パックの作業に日付記入を組み込むか、アルバイト・スタッフにまとめて記入してもらうなどの工夫をして、売場の在庫そのものに判断基準となる数字を仕込むことが重要。

このシリーズだけに限ったことではなく、少女コミックス棚全体の売れ残りを見直したほうがいいのではないか——という意図も含めてのメッセージ。

❶「まわさない」=もう補充注文しなくてもいいのではないかというメモ。

❷少女コミックス棚担当者へのメッセージ。

B07 動線、再考してみて

❶映画化などをきっかけに原作コミックスの知名度があがり、売場でも連載雑誌別の棚を離れて目立つ特設コーナーに展開されると、当然売れ方が変わってくる。従来からその作品や作家に付いていた読者以外の人々も買い始める。日頃、コミックス売場は男性向け、女性向けの色分けがはっきりしすぎていて、作品とお客様を出合わせるのに不向きな構成になっている。映画化などをきっかけに少女コミック誌の作品が映画化コーナーに出張しているときに、どんな男性読者が買うのかをよく見ておきたい。

❷少年、青年コミックスの棚は、アニメ化される作品の多さや二次創作同人マンガの素材になりやすいこともあり、女性がふつうに見てくれている。少女コミックス棚やボーイズ・ラブ作家別棚に置かれる作品にも、男性こそ読めばハマるのではないかと感じるものが多いが、男性客が充分に棚を見てくれているとは思えない。少女誌から青年誌へ活動の場を移す女性作家もいることを考えれば、男性客が青年コミックス棚から少女棚へ回遊するように、もっと仕掛けていいと感じる。

掲載雑誌別という棚の構成を大きく変えなくてもいいが、面陳コーナーの配置を工夫して、男女が交差して歩き回ってくれるような売場動線を考えてはどうか——と、コミックス担当者にメッセージを残した。

❶ 少女コミックスが映画化コーナーに「出張」しているときに見ておきたいことをメモ。

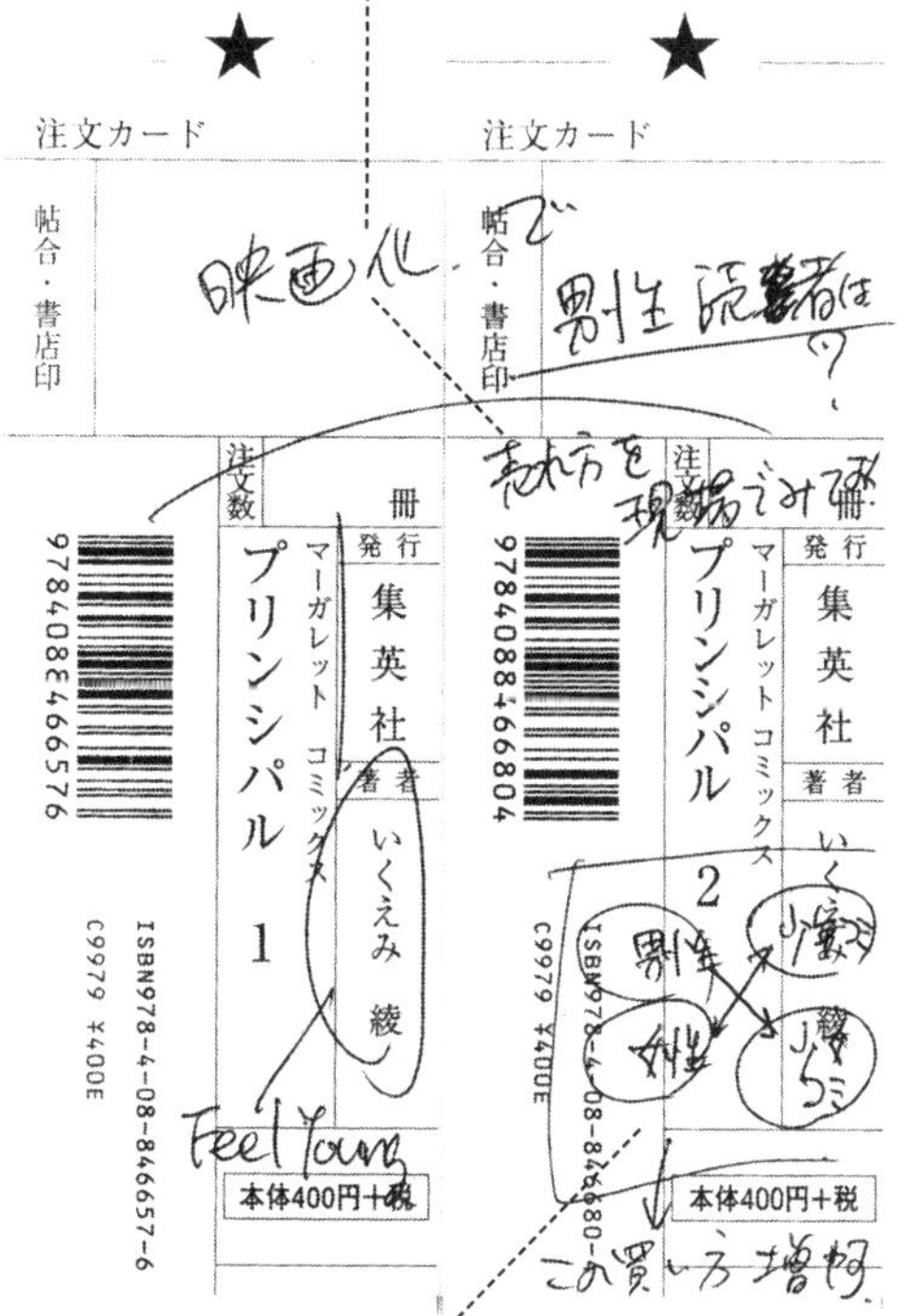

❷ 売場動線の再考。コミックス担当者へのメッセージ。

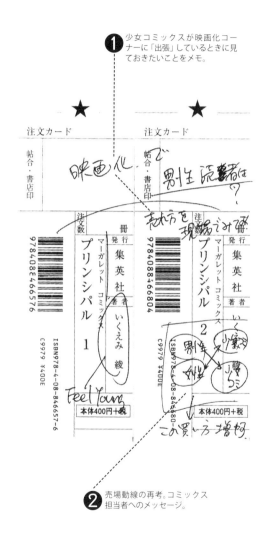

B08 すぐに追加発注して

❶『森の探偵』は、人間のいない場所で野生動物たちが見せる素顔や、ゆっくりと変化する里山の風景を、写真家・宮崎学が独自に工夫を重ねた無人カメラを駆使して半世紀にわたって撮りためた写真と、その調査活動の軌跡を映像作家・小原真史《こはらまさし》が聞き手となってまとめた文章で構成されている本。新刊で3冊入荷し、趣味実用の棚前平台に積んだところ、即日2冊売れ。ここまで早く売れた理由はわからないが、とにかくすぐに追加発注するように趣味実用書担当の同僚に指示するメモ。

発売初日に買いに来た人が自店に2人もいるなら、市場の初動も速いかもしれない。出版社と取次の初版在庫がなくなる前に自店の在庫を確保しておきたい。趣味実用書担当者はコミックスの担当を兼任しているから、この書籍の発注を後回しにするかもしれないと考え、このスリップを手渡して急ぐように伝えた。

❷ノンフィクションの棚や生物学の棚、アウトドアの棚など、そこを訪れるお客様の目的意識がある程度絞り込まれている棚に、この『森の探偵』をそれぞれ分散させて積むことも売り伸ばす方法かもしれないが、それよりも野生動物の意外な素顔にうっかり出合う驚きを演出したほうが、書店で買い物することと自体が楽しくなり、ついうっかり買ってしまう人が増えるはずだ。そう考え、さまざまな客層に手に取ってもらう狙いで、ジャンルから切り離してレジ正面のメイン平台に持ってくるように指示した。

❶ とにかくすぐに追加発注するように指示したメモ。

❷ ジャンルから切り離して正面のエンド台に持ってくるよう指示。

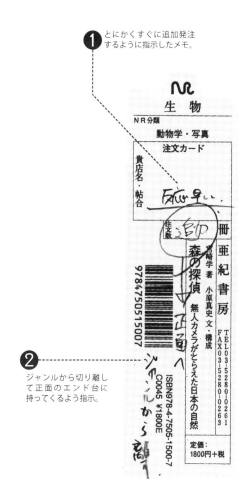

B09 コミックスだからできること

❶コミックス売場のなかに、芸術、文芸、人文、趣味、生活、児童といった各ジャンル棚があってもいいのではないか。コミックスによって書店のオール・ジャンルを表現してみてはどうか――と、担当者に投げかけてみる。

コミックス売場の構成は規則正しく棚ができてはいるのだが、散策する楽しみが少ないと僕は感じている。新刊平台、メディア化作品コーナー、連載雑誌別・レーベル別五十音順棚、あとはボーイズ・ラブやティーンズ・ラブ、4コマ漫画といったいくつかのジャンル別棚――といった構成になっている。このかたちは、コミックス売場の基本的な使い方を理解している人や、コミック誌やコミック系ウェブ・メディア、SNSなどで情報の取り方が身についている人にとってはオーソドックスで使いやすいのかもしれない。しかし、あまり良いコミックス読者ではない僕には、どこを見ていいのかわからないのが正直なところ。5〜6ヶ所ほどのテーマ特集コーナーがあれば、ひと通りのジャンルを表現できそうな気がする。

『山と食欲と私』は、27歳の会社員女子が休日にひとり登山と野外料理を楽しむ様子が無性に羨ましくなる作品。『山賊ダイアリー』(岡本健太郎、講談社)なども並べれば、ひとまずアウトドアのコーナーができそうだ。

哲学、思想や健康本だって、おそらくコミックスの棚で表現できるはずだ。

❶ コミックス担当者への提案。「コミック売場内の／文芸／人文／芸術／趣味／生活／児童／考えて」

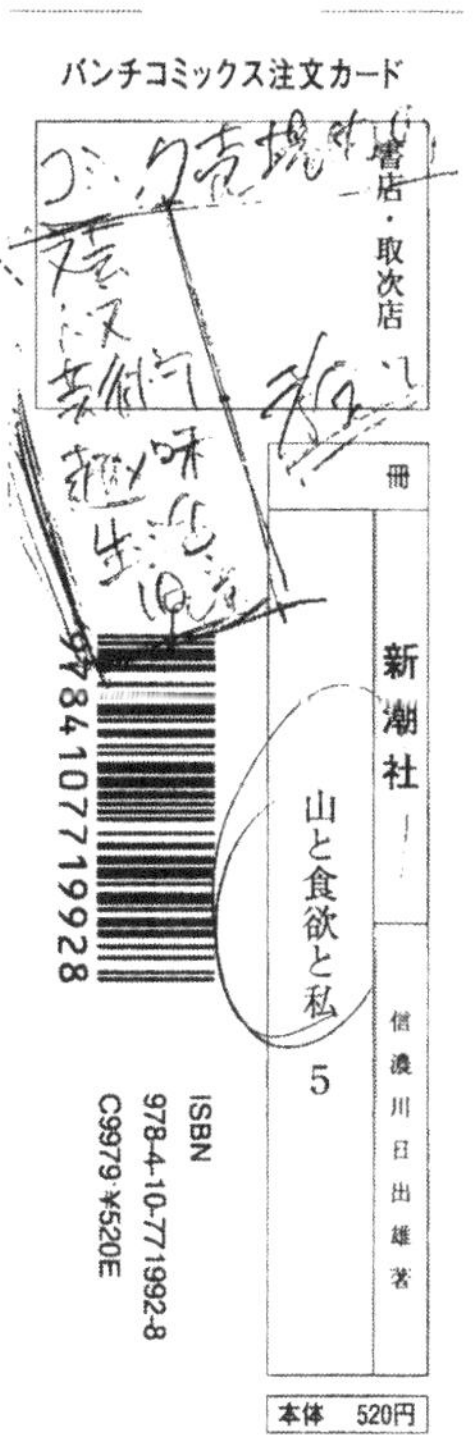

B10 文庫平積みのアイディア

❶『奇跡の脳』の周りに『フェルマーの最終定理』(サイモン・シン、青木薫訳)や『シンメトリーの地図帳』(マーカス・デュ・ソートイ、冨永星《ほし》訳)など、新潮文庫のサイエンス系ロングセラーが並んだかたちだ。さらに踏み込んで各社のサイエンス・ノンフィクション文庫と一緒にテーマ性のある平積みをつくってはどうか。僕の担当しているメイン平台には「身体論」のコーナーがあった。人間や動物の知性や意志とは何かという問いに対して、脳を含めた身体全体の仕組みや身体と自然環境との関わり方に答えを求める書籍を集めた。このコーナーで最も売れた『胎児の世界』(三木成夫《しげお》、中公新書)は、胎児が母の胎内で過ごす10ヶ月のなかで原初の生物が人間に進化する数億年の形態変化を実際に経験することを解剖学者が解説したもの。解剖学の枠を超えた自然思想として読まれ、大ロングセラーとなった。また、アフォーダンス心理学とアートの関わりを解説したロングセラーの『レイアウトの法則』(佐々木正人《まさと》、春秋社)も売れた。アフォーダンス心理学とは、人間の心理や行動が周囲の環境によってアフォードされる(=生み出される)ことを研究するもの。佐々木は日本でこの分野の第一人者で、この本もロングセラーだ。こういった切り口で、文庫売場でも品揃えをしてみて！と文庫担当者に提案している。

❷どのジャンルの翻訳書でも、新刊が出るたびによく目にする翻訳家の名前がある。とくに科学や経済のノンフィクションでは、ジャンルごとに数名の翻訳家が目立っている場合が多い。過去にヒットした書籍を担当した翻訳家は、その後も同様のテーマで売れた書籍を担当しているケースが多いからだ。

❶ 新潮文庫の棚前で同社のノンフィクション文庫を集めた平積みから売れたもの。

❷ 翻訳家名で検索、というメモ。よく知られた翻訳家で既刊を検索すると、そのジャンルの翻訳書のロングセラーが掘り出せる。

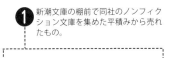

B11 似た文庫があったはず

❶「千葉雅也をビジネスに」とメモしたのは、彼の新著『勉強の哲学 来たるべきバカのために』（文藝春秋）をビジネス書コーナーで仕掛けるという自分用のメモ。千葉雅也は哲学者で、デビュー作『動きすぎてはいけない』（河出書房新社）は、浅田彰や東浩紀《あずま》などに高く評価されたことから、いくつもの大型書店で人文書売上ランキングの上位にランクインした。それ以降、人文書読者のあいだでは、日本の現代思想の最先端にいるスターのひとりと目されるようになった。

しかし『勉強の哲学』は、ビジネス自己啓発書として売れそうだ。そう考えたのは次のような理由から。本文にざっと目を通したところ、意図的にビジネス書読者にも親しみやすい書き方や章立てをしていると見受けられた。帯文には《勉強とは、これまでの自分を失って、変身すること》《だが人はおそらく、変身を恐れるから勉強を恐れている》とある。人文書コーナーに積めば、自己変容といった哲学的なテーマをお客様が期待しそうだし、ビジネス書コーナーに積めば、ビジネスマンが「そうか、勉強が怖くなる本か」と思って買ってくれそう。うまい惹句をつけたものだと感心した。著者自身が実践する勉強法や読書法が紹介されていることから、見た目の良さだけではなく内容の実用性もある。そう考えて、ビジネス書のエンド平台と、レジ前メイン平台の人文書新刊コーナーの2ヶ所に積むことにした。

『続・哲学用語図鑑』のスリップを見ているのに、なぜ『勉強の哲学』のことを考えているのかといえば、『続・哲学用語図鑑』と前作の『哲学用語図鑑』が人文書とビジネス書のつなぎ（ブリッジ）になったように、

正・続とも平積みに適した冊数を
追加することを促す丸印。

❶ 千葉雅也新刊『勉強の哲学
来たるべきバカのために』を
ビジネス書コーナーで仕掛
ける、の意。

❷ 文庫担当者にメッセージを
伝える——というメモ。

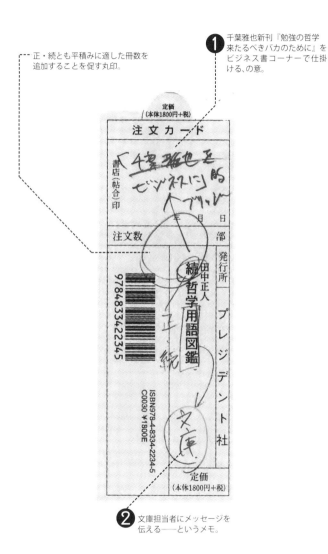

『勉強の哲学』もビジネス書のエンド平台に違和感なく積むことができそうだと思いついたからだ。もしかすると、ビジネスマンがこの3点セットでまとめ買いしてくれるかもしれない。『勉強の哲学』は自己啓発書のように装っているが、一般的なビジネス書と並べると難解な文章が目立ってしまうため、ビジネス書売場に来るお客様にとっては普段よりちょっと背伸びをするような、気合を入れて読まなければいけないような、そんな本ではないだろうか。それに対して『哲学用語図鑑』は、パラパラとめくるとポップでシンプルなイラストやピクトグラムが多用されていて、解説文も易《やさ》しいことがわかる。聞いたことはあるが説明することはできない哲学用語や哲学者を図解してあり、哲学用語を横文字のビジネス用語のように明日からでも会話に混ぜ込んで使えそうな気になる。このくらい易しくてビジネス書のような構成の哲学入門書が隣に積んであれば、『勉強の哲学』をビジネス書エンド台に平積みしても唐突ではなくなる。

『哲学用語図鑑』や『勉強の哲学』だけでなく、これまでにも人文書をビジネス書売場で売り伸ばした経験がある。『暇と退屈の倫理学 増補新版』（國分《こくぶん》功一郎、太田出版）がその一例だ。國分功一郎は前出の千葉雅也とならぶ現代思想のスターで、ビジネス書売場とはあまり縁がない著者だと僕は考えていた。しかし、あるとき『暇と退屈の倫理学（以下、暇倫）』と『ワーク・シフト』（リンダ・グラットン、池村千秋訳、プレジデント社）を一緒に買った売上スリップに出合った。『ワーク・シフト』は、これからの時代には自分の仕事や生活、時間の価値を自分で生み出さなければならないと説くビジネス書だ（と立ち読みで知った）。『暇倫』は現代消費社会のなかで個人の余暇までも消費経済に奪われてしまわないためにどう生きるべきか？と問いかける哲学書だ（と買って読んだらわかった）から、たしかに同じ人が買ってもおかしくない。

この売上スリップを参考にして、ビジネス書の平台で『暇倫』と『ワーク・シフト』を併売し始めた。『暇倫』は旧版と増補新版を合わせて120冊ほど売れたが、このうち30冊ほどがビジネス書平台から売れたものだ。

このように、ビジネス書売場に積んだほうが売れる人文書はないかと、日頃から探している。コミュニケーション術なら心理学、ワークショップ運営なら教育学、論理的思考なら論理学、文章術なら学生向け論文入門書といったように、ビジネススキルにつながりそうな人文書の分野に目星をつけておく。ビジネス書売場には「役に立つ知識なら買う」という意欲を持ったお客様が来ており（ビジネス書のまとめ買いは他のジャンルより多い）、棚や平台の前を通るお客様の数も、人文書売場より多い。ビジネス書平台で人文書を売ることで、人文書ジャンルは売上を上乗せすることができ、ビジネス書ジャンルは読者の役に立つ品揃えをすることができる。

❷『哲学用語図鑑』と似た内容の文庫があったはず。文庫のほうが手軽で仕掛けるのに向いているから探してほしい——という文庫担当者へのほのめかし。

B12 これは仕掛けに向いてるよ

❶生活実用の棚前平積みから売れたもの。棚前で買ってくれるのを待つより、仕掛け販売に向いていると感じ、担当者にメッセージとして書き残した。

❷著者は『学年ビリのギャルが1年で偏差値を40上げて慶應大学に現役合格した話』(角川文庫)が大ヒットした塾講師。売れた著者なのだから、この『人間は9タイプ』も刊行直後から仕掛けておくべきだったのだが、出遅れてしまった。刊行から1年近く経ってしまったがこれからでも売り伸ばせるだろうかと、不安も少しある。

❸「子どもとあなたの伸ばし方」という副題のつけ方に注目した。この本には同じタイトル・シリーズの第2作『人間は9タイプ 仕事と対人関係がはかどる人間説明書』もあるが、副題を比べただけでも、第1作のほうが売れそうだ。

子どもへの投資と思えば、親としては買わずにはいられない。また、子どもを育てようとしてむしろ親自身が成長させられたと多くの人は感じているだろうから、「子どもとあなた」をセットにしているところも共感を得られそう。

「子どものための」と銘打ったものが大人にハマるというパターンのヒットはよくある。『考える練習をしよう』(マリリン・バーンズ、マーサ・ウェストン、左京久代訳、晶文社)もその一例。この本は「子どものためのライフ・スタイル」というシリーズの1冊だが、多くの大人が「自分のためにもなりそうだ」と感じて買っ

❶「棚前で買ってくれるのを待つより、仕掛け販売に向いている」というメッセージ

❷売れた著者なのだから

❸「既刊よりこっち？」と書いたのは、シリーズ２作品の刊行された順を逆だと勘違いしていたため。

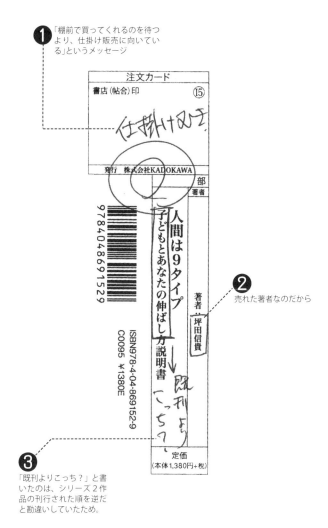

たはずだ。高橋書店の小学生向け学習読み物「なぜ？　どうして？」シリーズの1冊『こころのふしぎ　なぜ？　どうして？』(村山哲哉監修)の大ヒットも、同じような事情だと想像できる。

「人間は9タイプ」というその分析に共感できて文章が読みやすければ、「子どもとあなた」という切り口は、「部下と上司」や「彼氏と私」など、お客様が勝手に読み替えてくれるはずだ。大切なことは、本に書かれた性格分析が読者を納得させられるかどうかだ。

カバーを広げると、ポップでシンプルなイラストで、9タイプの子どもたちがそれぞれの特徴をとらえて描かれている。その彼らがいかにも言いそうなセリフを、それぞれの口元からマンガの吹き出しの要領で添えてある。「こういう人、いるいる！」と納得してしまいそうな表紙だ。

このように考えると、この本は店の正面入口すぐのワゴンで仕掛けるのが良さそうだ。

恐れ入りますが
郵便切手を
お貼りください

郵便はがき

650-0024

兵庫県神戸市中央区
海岸通2-3-11 昭和ビル101
苦楽堂 行

お名前	性別	ご年齢	歳
ご住所 〒			
ご職業			
お買い上げ書店名 （都道府県　　　市区町村　　　）			

※個人情報は苦楽堂の出版企画のみに用い、社外への提供は一切行いません。

このたびは小社刊『スリップの技法』をお求め戴き誠にありがとうございました。
以下の欄に本書をお読みになってのご感想・ご意見をご自由にお書き下さい。

B13 既刊を積んではどうか

❶ わかりやすいあわせ買い。新刊の『江戸の家計簿』と一緒に、同じ磯田道史の文庫を棚から探して買ってくれた。著者は歴史学者で、デビュー作の『武士の家計簿』(新潮新書)が大ヒットし、映画化もされた。テレビのコメンテイターとしても活躍している。その知名度を考えれば、新書の新刊発売に合わせて、文庫担当者は既刊を平積みにしたほうがいいだろう。

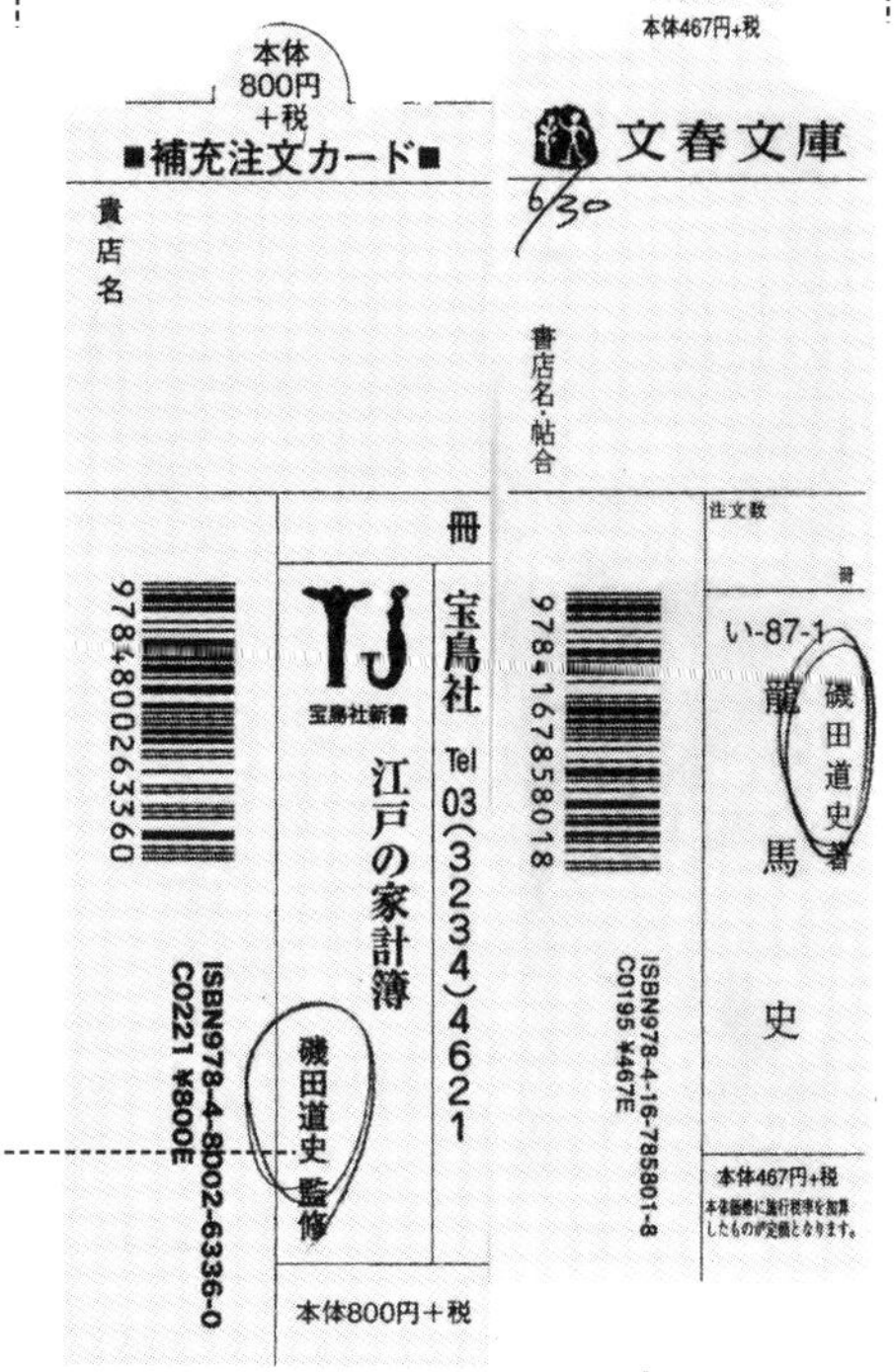

❷ この新書では磯田道史は監修者だ。新書担当者は、定番の『武士の家計簿』か、ロングセラーの『歴史の愉しみ方　忍者・合戦・幕末史に学ぶ』(中公新書)などの著作を取り直したほうがいい(「監修本」より「著」のほうが売れることを僕は経験で知った)。そのことを、文庫担当者と新書担当者に言うことを忘れないためのメモ。

B14 うっかり積むと

❶実際にあったまとめ買い。このラインナップは1ヶ所の平台に集めて積んでいたものではない。お客様が店舗入口すぐの平台、生活実用書の棚前平台、文庫売場内の女性ライフスタイル・コーナー、新書売場を回遊して拾い集めてくれたことが嬉しい。また、文庫、新書の各担当者が、自分の担当していない生活実用書や文芸書の売場で女性のお客様がどんなものを買っているのかを理解しており、そのお客様が文庫売場や新書売場に訪れたときに手に取るだろう——と平積みしていたものが実際に売れたことがわかる。

❷そうそう、平台には「こういうアイコン」があると雰囲気出るよね！ という同意の言葉。加賀まりこ＝「こういう」とは、映画やテレビでよく見た世代には懐かしく、知らない世代には新しくておしゃれと映るような、古くて新しいといった意味。日頃から文庫担当者とは、「古い既刊を若い読者が手に取るには？」といったことを話し合っているため、「こういう」の意味を理解しているはず。文庫担当者は、女性ライフスタイルの文庫平積みの目立つところに、並べた本のテーマを代表する顔＝アイコンがカバーに使われているものをうまく配置している。

❸「ママより女」というキーワードに反応して女性ライフスタイルの平積みコーナーの品揃えを連想しようとしている。「愛されたい」、「美魔女」といった路線で書籍を掘っていくか、「キャリアも家庭もあきらめない」、「エレガントさを失わず自分らしく働く」といった路線で行くか——。

❶ 実際にあったまとめ買い。

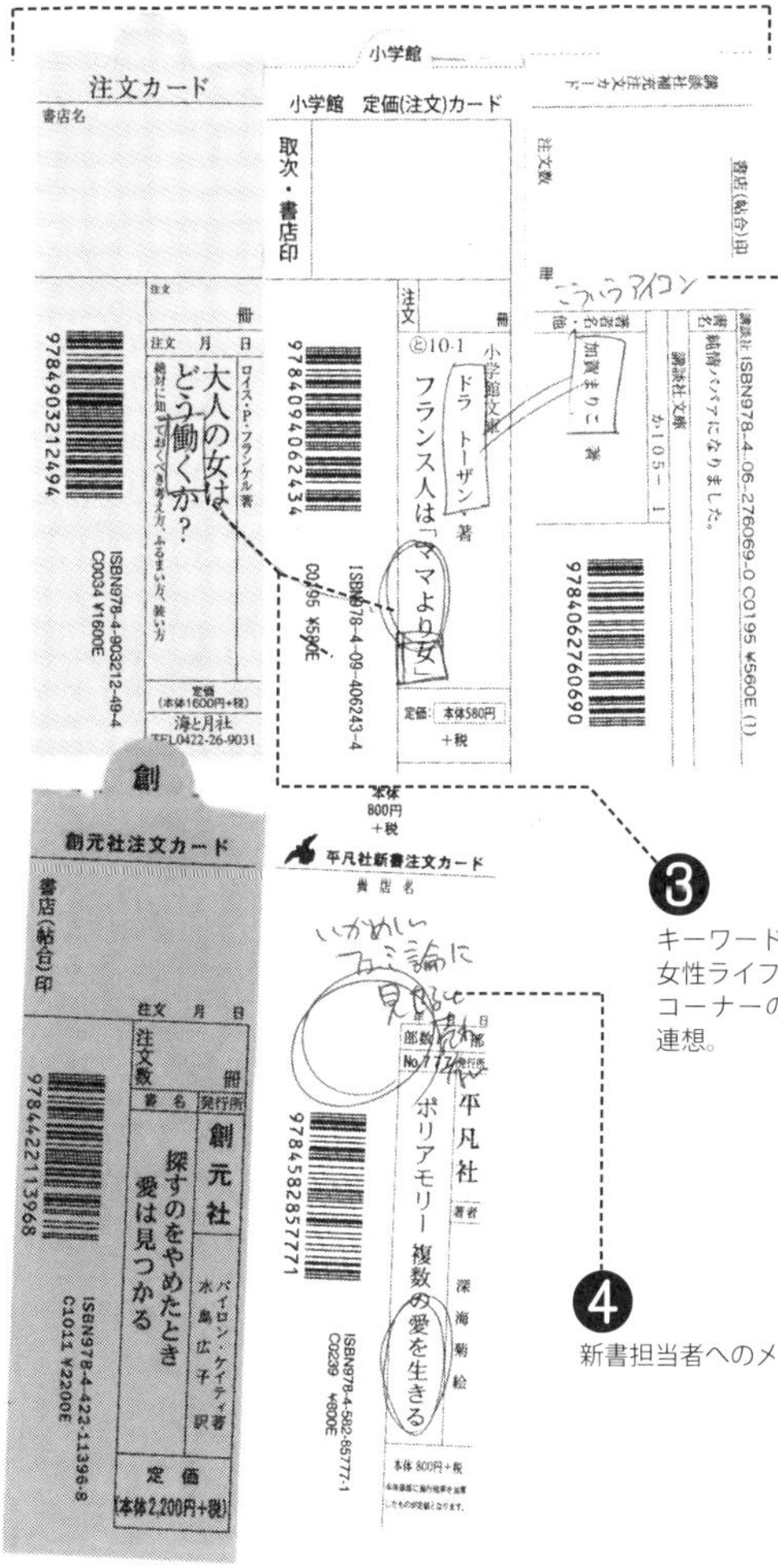

❷ 文庫担当者へのメッセージ。

❸ キーワードに反応し、女性ライフスタイル・コーナーの品揃えを連想。

❹ 新書担当者へのメッセージ。

日頃の客層に合わせて、どちらの路線もバランスをとって積むことが重要だが、前者は類書が多く、あれこれ注文していると売場がめりはりなく肥大化してしまいがち。後者はビジネス書が女性ライフスタイル・コーナーに紛《まぎ》れ込んだような違和感や硬さが出てしまいがちだが、この『大人の女はどう働くか？』のように単独でも売れる力があり、狙っているテーマにぴったりな書籍をあと数点見つければ、仕事を持つ女性に支持されてコツコツと長く売れるコーナーを作れるのではないか。そのように考えた痕跡。

❹新書の地味な表紙だけに、うっかり人文系の新書平積みに置いてしまうと、このテーマに共鳴してくれる同性の読者の目に入らないだろう。そういううっかりに気をつけてね——と新書担当者にも見えるようにメモ。

新書担当者は生真面目な男性で、新書売場の品揃えも硬くなりがち。岩波新書や中公新書の定番書をこまめに2～3冊発注して平積みで地道に売り伸ばすのは得意だが、「目指せ、年収1000万円！」や「メンタリストの㊙人心掌握術」といったわかりやすい欲望に直結した新書を派手に仕掛けることには意識が薄い。ふらっと立ち寄ったお客様が気軽に手に取ることができる陳列よりも、図書館的な分類や学問的な体系に沿って正しく並べようとしてしまう。『応仁の乱』（呉座《ござ》勇一、中公新書）が予想外に良い初動を見せて売れ始めたとき、理屈は抜きで目立つエンド平台に4面で平積みするようにと僕が指示しても、彼はピンとこない様子で、棚前でいつも平積みしている『日本社会の歴史』（上中下巻、網野善彦、岩波新書）の隣に積んだまま動かそうとしなかった。

そんな頭の固い新書担当者に「売れたほうが楽しい」と理解してもらって、臨機応変に陳列場所や平積み冊数を加減する柔軟さを身につけてもらうには、僕はどうしたらいいのか。そう考えていたときにちょうど目に止まった『ポリアモリー』は良い教材だと思えた。この本は、複数の相手と同時に誠実な性愛関係を築く生き方を選んだ人々を分析した社会学研究。アメリカの事例を多く取り上げていて、専門的な概念や用語も登場する内容は硬いと言わざるをえない。しかし、このまとめ買いのお客様は「自立した女性のライフスタイル」を教えてくれる本として期待して買ったと推測できる。

お客様の思い違いが多少含まれていたとしても、人文書を生活書のように、願望や欲望を叶えてくれそうな本として買ってくれることがあるよ、売り伸ばすチャンスがあるよ――と新書担当者に伝える機会になった。このような例を繰り返し示すことで、彼の品揃えが変わるかもしれない。

B15 強気で売り伸ばして

❶ひとりのお客様がまとめ買いしたかはわからないが、この2冊を並べて積んでもおかしくはない。スリップの日付から、棚挿しから探して買われたことがわかる。角川ソフィア文庫は岩波文庫や講談社学術文庫などと同じ、奥まった壁面の棚に入っている。どちらかというと人文科学の平積みが目立つ専門的な雰囲気の場所で、日経ビジネス人文庫などの棚とは離れている。

『菜根譚《さいこんたん》』は田中角栄の愛読書と言われ、「不遇に耐えて努力すればいつか報われる」といったビジネスマンの処世訓として読み解いた解説本がよく出版されている。たとえば、『中国古典の知恵に学ぶ 菜根譚』（洪自誠《こうじせい》、祐木亜子訳、ディスカヴァー・トゥエンティワン）は、同シリーズの『超訳 ニーチェの言葉』（白取春彦訳）などと同じく、ビジネス書の平台で多く売れた。「ビジネスマンのための古典的名著を、所有欲を掻《か》き立てる美しい造本で」といったコンセプトのシリーズだ。

❷その路線で考えると、『菜根譚』をはじめ角川ソフィア文庫の「ビギナーズ・クラシックス」シリーズの既刊には、ビジネス系文庫の平積みで売り伸ばせるものが他にもある。岩波文庫も同様の視点で再発掘する楽しさがあるが、買い切りで仕入れることになるため慎重にならざるを得ない。その点、角川ソフィア文庫は積極的に試すことができる。

❸『人を動かす 文庫版』のスリップに書かれた日付と冊数のメモは、文庫売場でこの平積みがどういう経過を辿《たど》ったかを記録したもの。2015年の3月に3冊で平積みし始めている。ビジネス自己啓発

❶スリップの日付から、棚挿しから探して買われたことがわかる。

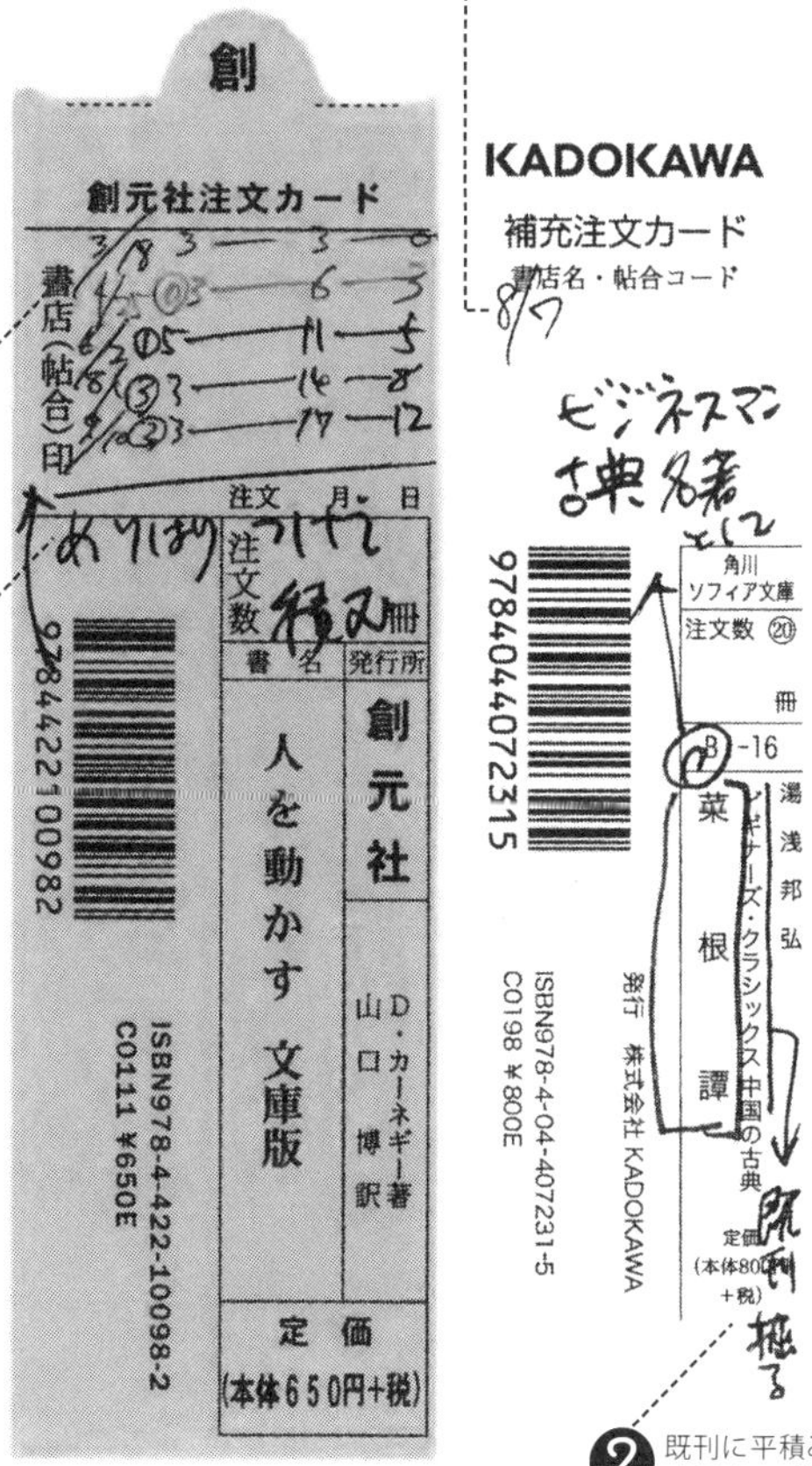

❷既刊に平積みで売り伸ばせるものが他にもある、のメモ。

❸日付と冊数は、文庫売場での経緯の記録。「めりはりつけて積む」は文庫担当者へのアドバイス。

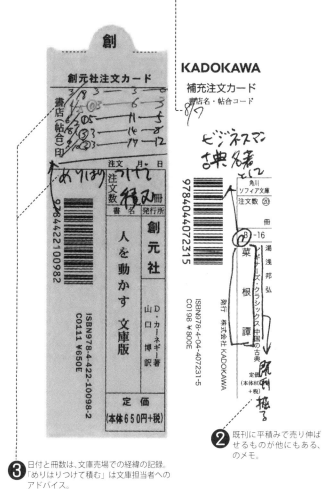

書の古典ともいえる本書の親本は、現在も売れ続けている大ロングセラーだ。それを考えると、初回仕入数が3冊とは弱気すぎる発注判断だ。発売後の経過を目で追うと、1ヶ月で3冊完売し、また3冊補充、次の1ヶ月で2冊売れ、5冊補充している。前回の補充発注よりは少しだけ多い発注判断だ。

しかし、ちまちまと発注冊数を増やすよりも、同じD・カーネギーの『道は開ける 文庫版』や『カーネギー名言集 文庫版』（いずれも創元社）も15冊か20冊ずつ追加して、その量にふさわしくエンド平台に各2面、合計6面で存在感のある平積みにしたほうが売れるはずだ。文庫担当者はそうしなかったため、その後9月まで「ちょぼちょぼ売れ」が続いていてもどかしい。作品自体は「ド定番」といえるほど評価の定まったものなのだから、強気で売り伸ばしてほしい。逆に、6月から8月にかけての2ヶ月で3冊しか売れなかったのだから、8月の時点で見切りをつけて、その場所にもっと売れる文庫を積む判断をしていればまだマシだったのだが。売り伸ばしたいなら強気に発注し、そうでないなら見切りをつけて他の売れ筋に取り替えるべきだという意味で、「めりはりをつけて積む」ように文庫担当者にアドバイス。

平積みの経過をスリップに書き留めるのは、ただ返品候補を洗い出しやすくするためだけではなく、大きく売り伸ばせる兆《きざ》しを見逃していないかを振り返って確認するためでもある。

B16 この世界を平台に

❶SF小説の平積みコーナーは、ハヤカワ文庫と創元SF文庫などの棚の前にあるため、平台のラインナップもこの2社の新刊や定番のロングセラーばかりになりがちで、単調になってしまう。意識してさまざまな作家やテーマの作品を組み込んでいくべきだと考えていたところに、この2枚のスリップがヒントをくれた。

❷『リリエンタールの末裔』は、壮大なシリーズ「オーシャンクロニクル」の番外編的位置づけの短編集。このシリーズは文庫では（今のところ）6冊になるが、それだけの平積み面数を使っても構わないくらい、これからも読者を引き込む力があるのではないか。この世界を平台に揃えてみて！と文庫担当者にメッセージを送った。

❸このお客様が上田早夕里を先に読んでから筒井康隆や小松左京といった日本SFの古典に遡《さかのぼ》っているのか、逆に、昔読んだ懐かしい筒井作品を買い直した古くからのファンが上田早夕里も買っているのか、それはわからない。ただ、『虚航船団』はさまざまなお客様に向けて何度でも平積みにできるロングセラーのひとつとして、覚えておくべきとメモ。

❹『虚航船団』に描かれる宇宙船団のひとつに、文房具たちが乗り込む船団がある。このお客様も文具好きなのか？　そうならいいなあという、単なるひとりごと。

❺『鹿の王』（角川文庫）や『獣《けもの》の奏者《そうじゃ》』（講談社文庫）でアニミズム的ファンタジー世界を描いた上橋菜穂《うえはしなほ》

子《こ》は「ＳＦ界の文化人類学者」として、ＳＦ好きだけでなく文化人類学の読者にも拡がった。同じように歴史好きの読者にも拡がり得る上田早夕里は「ＳＦ界の塩野七生《ななみ》」というのはどうだろう。未来の国際社会を数百年もの流れに沿って描きながら、あちこちに各国の指導者や在野の魅力的な人物を描く群像劇を散りばめた歴史大河小説は、ＳＦという括《くく》りに閉じ込めておくのはもったいないのではないか。そういうつぶやき。

❻ひとくちにＳＦ小説といっても、哲学書のように抽象的、思弁的な作品もあれば、宇宙時代の国際政治ドラマといった作品もある。たとえば『紙の動物園』（ケン・リュウ、古沢嘉通訳、ハヤカワ文庫）は宇宙生活を舞台にした家族小説とも言える。ＳＦ小説コーナーにさまざまなモチーフの作品を組み込んで、コーナー自体の魅力を作ることができる。逆に、ＳＦ作品であることを目立たせずに、ただ素晴らしい小説としてエンド平台で仕掛けることもできる。

❶ ＳＦ好きなお客様がこの２冊を、どちらも棚挿しから選んで買ってくれたようだ。

❷「シリーズの世界を揃える」とメモを書いた。

❸ 何度でも平積みにできるロングセラーだということを覚えておこう、とメモ。

❹ 独り言。

❺ 上橋菜穂子の読者が拡がったことをふまえると、上田早夕里も拡げられるのではないか――という連想。

❻ ＳＦ小説コーナーにさまざまなモチーフの作品を組み込む、というアイデア。

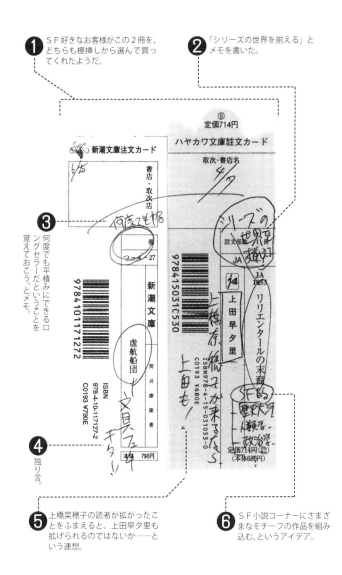

C 連想の引き金

スリップに連想の引き金になる言葉があったら、それに印をつけ、アイディアをスリップにメモする。具体的でなくても、あとで調べて発注する手がかりになればいい。何枚かのスリップにつながりを見つけたら、そこに共通する売れた理由を考える。

C01「わからないが面白い本」の積み方

❶人文、文芸、サブカルチャーといった既存のジャンル棚に組み込むのがむずかしいが、単独で面白みを醸《かも》し出している変な本として気になるため、☆印（スリップに著者名の記載はないが、谷口《たにぐち》功一とスナック研究会の編著）。「わけがわからないが面白い本」は、メインの島平台などできるだけ良い場所に積むことにしている。「モラスキー」は、この本から日本の居酒屋文化や闇市の歴史を研究する早稲田大学教授のマイク・モラスキーを連想したから。著書に『日本の居酒屋文化─赤提灯の魅力を探る』（光文社新書）、『闇市』（皓星社《こうせいしゃ》）などがある。

❷「クロスで」とメモしたのは、2、3点くらいの最小限の組み合わせで、文化史やコミュニティ論といった人文書的な関心と、タモリ倶楽部のような遊びの感覚が交差するような置き方をすれば、人文読者、サブカル読者の両方の興味を惹いて売れるのではないかという意図から。

❶ ☆印＝「気になる本」の印として。

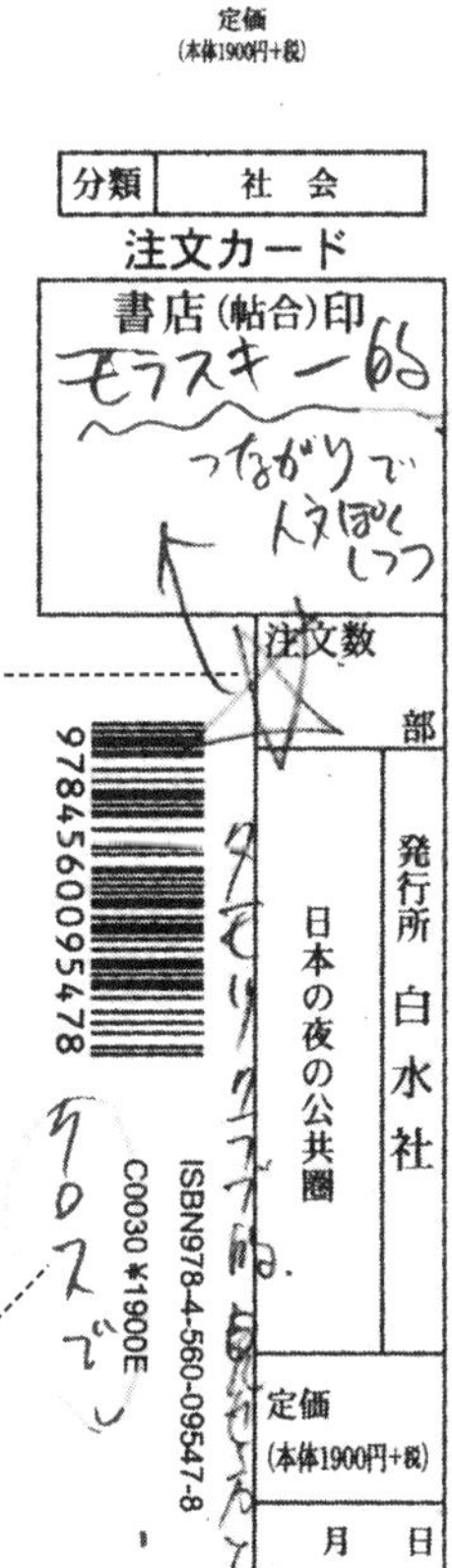

❷ クロスで＝「交差」の意。

C02 堅苦しくしないために

❶実際にあったまとめ買い。『結婚』と『末井昭《すえいあきら》のダイナマイト人生相談』は新刊平台に隣り合って積んであったが、『おっぱいがほしい！』と『〈男性同性愛者〉の社会史』は、それぞれ文芸と人文の棚前平台からお客様が選んで購入したもの。この買い方は、新刊平台の並べ方に採用できそう。

❷最近とくに活発なＬＧＢＴＱの人々をめぐる社会運動は、おおらかで明るく楽しげな印象を受ける。テーマの注目度を考えると平積みにしたいが、人文書棚前に置くと「社会問題」然として堅苦しい印象を避けられない。そこで、このお客様の視点を参考にして、末井昭というキャラクターに結びつけて置いてみようと考えた。ただ、新刊平台の並み居る売れ筋と同じような冊数を稼ぐほど読者がいるとは思えない専門書なので、切り上げどきに留意。

❸著者の既刊『素敵なダイナマイトスキャンダル』（ちくま文庫）の表紙は、彼が着物で女装した姿が印象的だった。そのことを思い出してメモ。

❹樋口毅宏《たけひろ》と末井昭はどちらも白夜書房に在籍した元サブカル編集者。その事実を踏まえなくても、同時期の新刊のなかでは似た本だと分類できる。樋口毅宏の『おっぱいがほしい！』は著者のこれまでの売れ方から考えて、新刊平台に引っ越して売り伸ばすべきと考えた。人畜無害なイクメンのエッセイではなく、ハードな作風でエロやバイオレンスを得意としてきた彼が育児を書くという意外性がこの本のフックになっていると考えると、末井昭の『結婚』の隣に置くことでまとめ買いを誘えそう。

❶ 実際にあったまとめ買い

❷ テーマの注目度を考えると平積みにしたいが、人文書棚前に置くと「社会問題」然として堅苦しい……とベストの置き場所を考えているメモ。

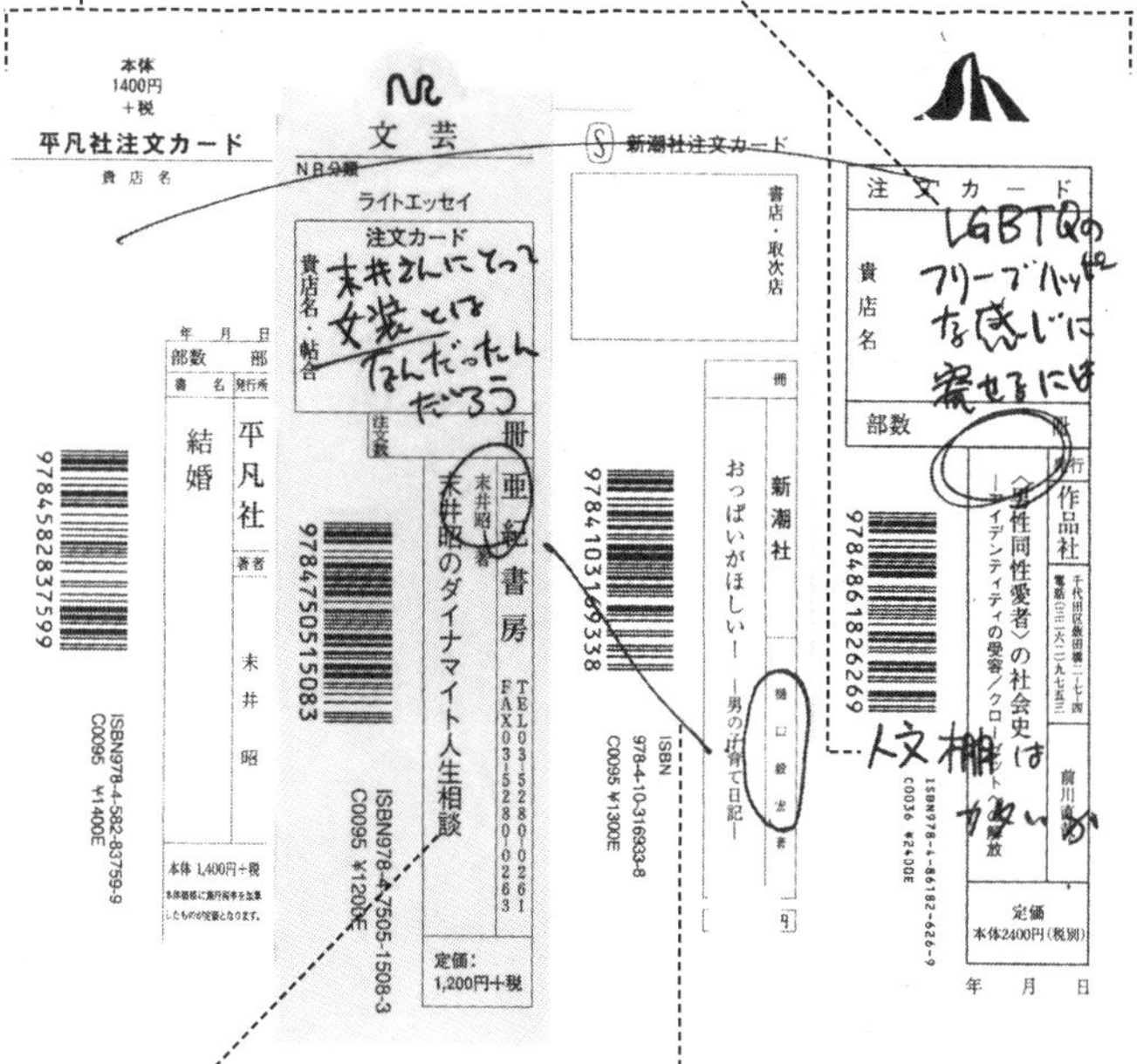

❸ タイトルの「ダイナマイト」は、著者の既刊『素敵なダイナマイトスキャンダル』を踏まえている。

❹ 樋口毅宏と末井昭はどちらも白夜書房に在籍した元サブカル編集者。

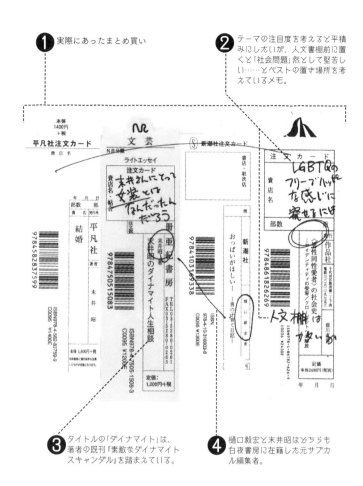

C03 隣に何を?

❶大ヒットしている話題書『ボクたちはみんな大人になれなかった』の隣に何をくっつけて積むかを考える。この作品は、ウェブ・メディア「cakes」連載時から同世代の男性たちが著者に強い共感を寄せてTwitterなどのSNSで話題になっていたことが、発売と同時に売れている理由。「ロスジェネ」世代と呼ばれるアラフォー男子が青春時代を過ごしてきた90年代カルチャーへの郷愁と、今もそこから抜け出せないことを自嘲するようなナルシシズムがポイント。

その流れを考えると、話題書の平台で併売できそうな同時期の新刊として『奥田民生になりたいボーイ出会う男すべて狂わせるガール　完全版』(渋谷直角、扶桑社)や『やれたかも委員会①』(吉田貴司、双葉社)、『渋谷音楽図鑑』(牧村憲一、太田出版)などが思い浮かぶ。いずれもアラフォー男子が買っていくのをレジで見た。

❷cakes発の書籍には『嫌われる勇気』(岸見一郎、古賀史健《ふみたけ》、ダイヤモンド社)、『ぼくは愛を証明しようと思う。』(藤沢数希《かずき》、幻冬舎)など、ヒット作が多くある。単行本発売前から連載で注目を集めて一気にベストセラーにするパターンを狙っているため、チェックしておく必要がある。

❶ 単独で大ヒットしている話題書の隣に何をくっつけて積むかを考える。

❷ 本書はウェブ・メディア「cakes」の連載に加筆して単行本化したもの。

C04 別格

❶てんとう虫コミックスの既刊をあえてコミックスの新刊平台で仕掛けることは、あまりない。小学生のお客様が多い店なら、棚挿しで揃えておこうというくらいの扱いが普通かもしれない。しかし、ドラえもんは別格だろう。下は5歳くらいから上は50歳代くらいまで男女を問わず、お勧めのしかたによっては、「うっかり買ってしまう」可能性がある。そういう間口の広い作品をコミックス売場の正面で仕掛けることで、売場の奥へ新しいお客様を引き込みたいという思惑もある。『ドラえもん 巻頭まんが作品45』は、てんとう虫コミックスのドラえもん全45巻の巻頭を飾った短編を集めたもの。ドラえもん約30年の流れを1冊で楽しめる。パラパラと読んでみると、懐かしさや目の覚めるようなSF的想像力のひらめきを感じる。これは絶対大人向けだ。表紙のモダンなデザインと価格設定も大人向け。

❷映画からコミックスにしたシリーズでは、『のび太の結婚前夜／おばあちゃんの思い出 新装完全版』（藤子・F・不二雄、小学館）をとくにお勧めしたい。読めば、きっと仕掛けたくなるはず。

❶ 読んでみて確信したこと＝「大人がうっかり買うきっかけ」をメモ。

❷ 強力な「お勧め作品」を思い出したので、熱くそのタイトルをメモ。

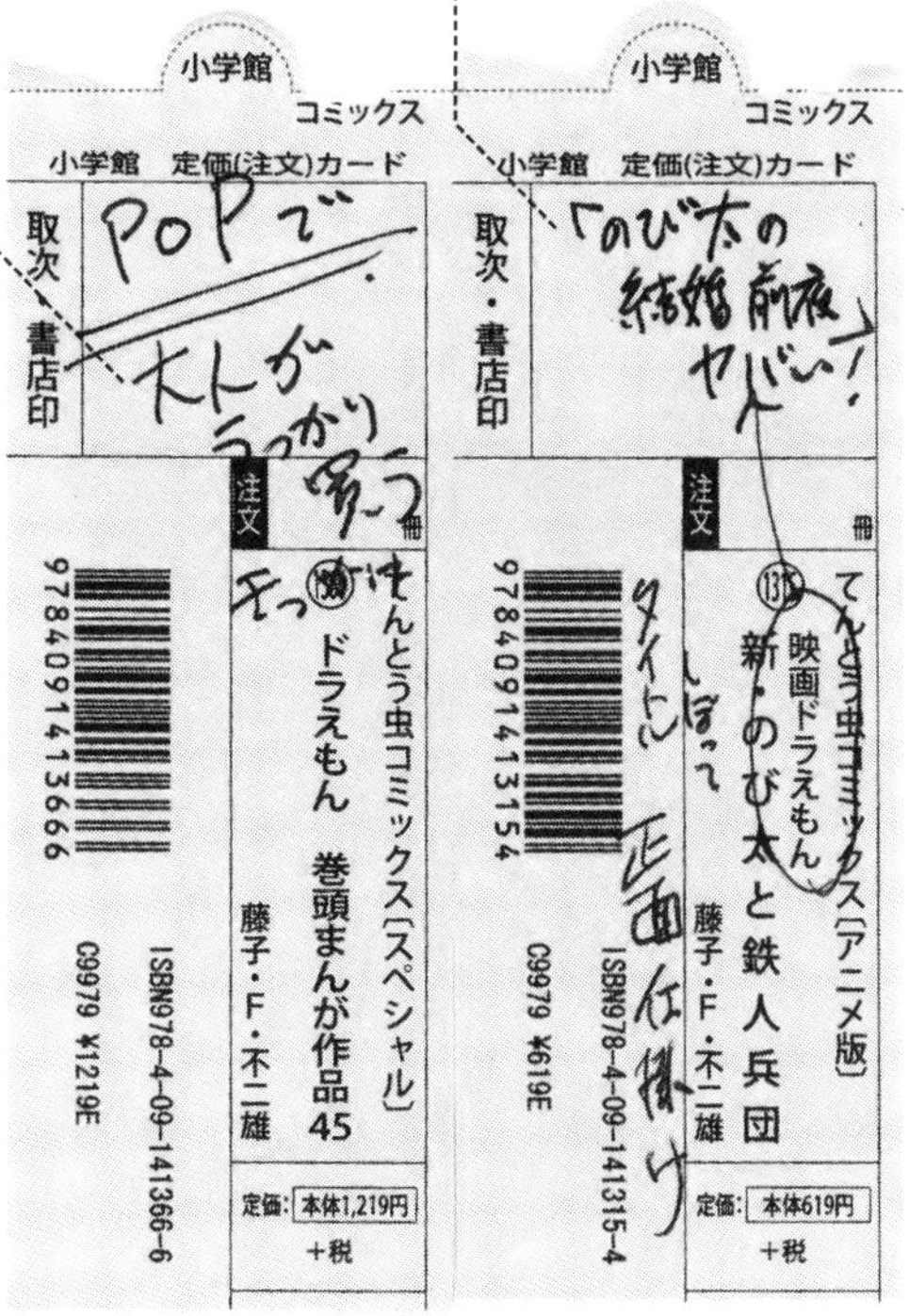

C05 並んでいてもおかしくない

❶同日のスリップ束のなかからつながりを感じて連想した記録。森見登美彦と新海誠が平台で並んでいてもおかしくない。その平積みに名前をつけるなら「現代の浪漫派」。あくまで雰囲気なので、「日本浪漫派」なのか「ロマン主義」なのかといった厳密な定義ではない。単に、美しい恋愛を描いていて、日本の伝統的な意匠を散りばめていて、身近な地名や土着の文化といった日常感が盛り込まれているといったくらいのイメージだ。それが現代のアニメやイラストの画風をまとって本のかたちになっている。曖昧で主観的なものに過ぎないが、そういう本が売れていることは事実だ。

❷そういう売れ方を明らかに意識しているのは、角川文庫や集英社文庫の文豪リバイバル路線だろうと思う。太宰治や中島敦、江戸川乱歩と現代の漫画家によるイラスト表紙を組み合わせて、新しい売り方を狙っている。

❸コミックスでこの路線につながるものといえば、安直かもしれないが『文豪ストレイドックス』（朝霧カフカ原作、春河35画、KADOKAWA）か？ とメモした。

❶ 同じお客様のまとめ買いではない。

❷ 仮説の検証材料としての、角川文庫や集英社文庫の売り方。

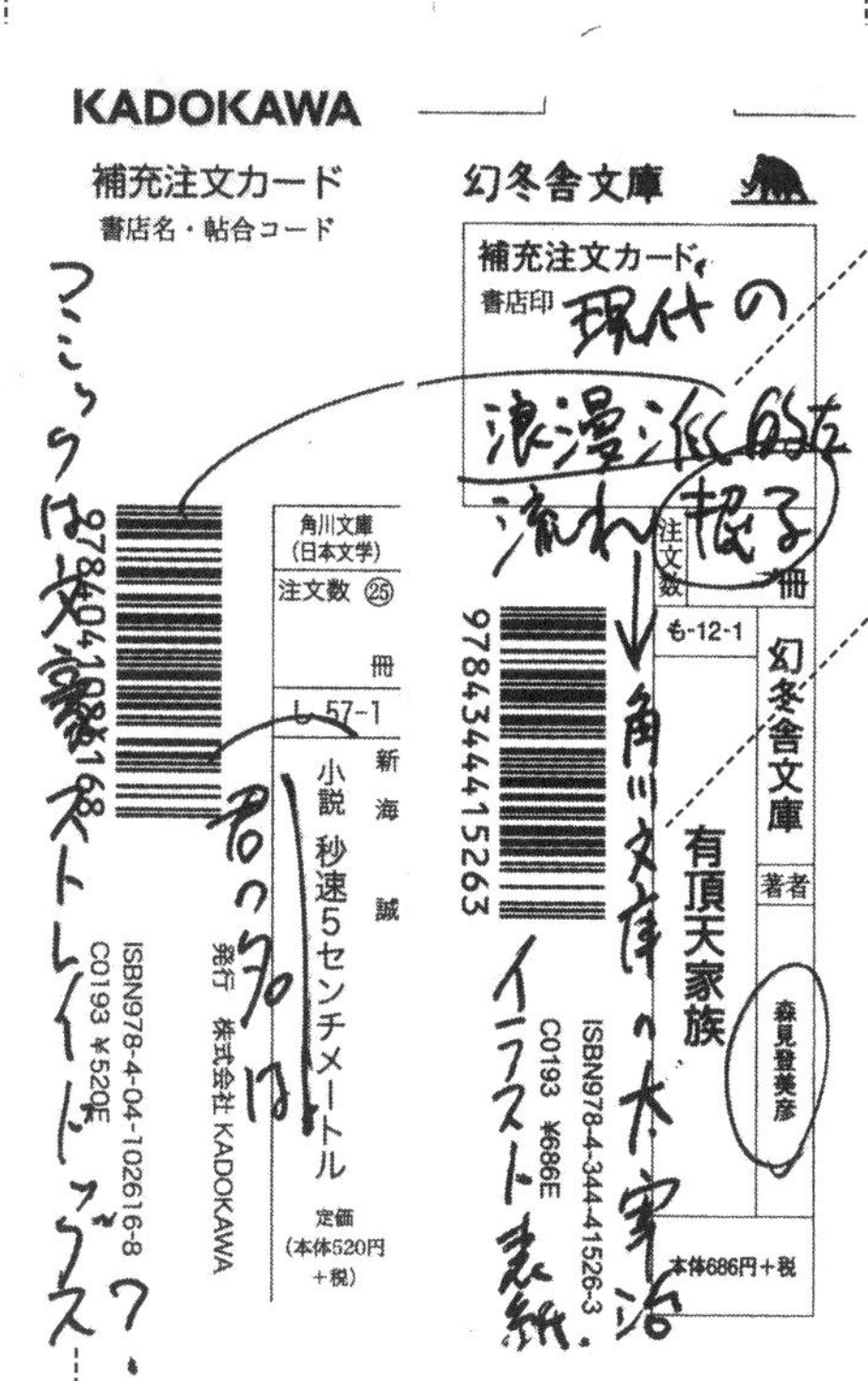

❸ つながりは安直かもしれないが。

C06 エロとラブをレジに

❶「エロいラブロマンス」は重要な心の栄養だ！ と思い、◎印。そこに品揃えの理屈などはない。ただ、それを大量に売るにはどうすればいいか。

安定して売れるエロ文庫というと、男性ならフランス書院文庫（フランス書院）、女性ならハーレクイン文庫（ハーパーコリンズ・ジャパン）といった老舗レーベルか、二次元ドリーム文庫（キルタイムコミュニケーション）や美少女文庫（フランス書院）といったライトノベル系ポルノ、ソーニャ文庫（イースト・プレス）やヴァニラ文庫（ハーパーコリンズ・ジャパン）といったティーンズ・ラブ系など、いずれも性別や嗜好ごとに細分化しているものばかりだ。

そういった先鋭化したものではなく、金曜日の夜にちょっと飲んだ帰り道にふと寂しくなって、とりあえずエロとラブをちょうだい！ というときに、普通の人が書店のレジで「買える」文庫を積んでおきたい。

一七歳年下の男と女流版画家の物語、石田衣良の『眠れぬ真珠』なら男女を問わず買われそうだ。

❶ 重要な心の栄養だ！と◎印。

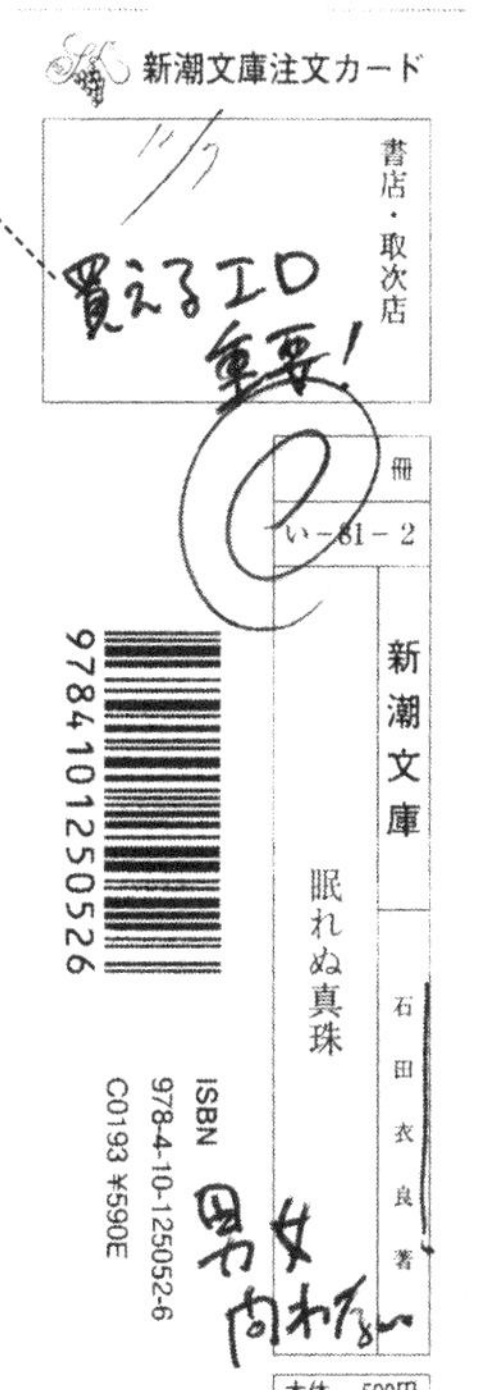

C07 サビと小屋

❶実際にあったまとめ買い。それぞれ入荷時にぱらぱらと目を通し、単品として面白みを感じて別々の場所で販売していたが、お客様に新しいまとめ方を教えられたケース。

『アラブの住居』は、アラブ地域の厳しい自然環境に順応しながら長い年月をかけて形成された伝統様式の家屋を、気候や文化の変遷と照らし合わせながら解説した書籍。「建築家なしの建築」の妙を伝えるデザイン書としての魅力、「イラストで巡るイスラム建築紀行」としての面白さ、外観の全体像から細部の意匠まで捉えたイラスト、平面図、断面図が数多く収録された描画資料集としての実用性など、何通りもの面白さを併せ持っている。それだけにどこに積むのが最適か決めかねて、とりあえずメイン平台の芸術書の集まるあたりに積んでいた。

『雨の自然誌』は、雨を惑星規模のメカニズムで捉《とら》えた地球科学と雨にまつわる文化史から語るサイエンス・ノンフィクション。『錆と人間』は、錆という脅威とどう格闘したかという視点から人間の文明と金属の関係を幅広く考察する読み物。どちらも文理両面からのアプローチが面白さの肝になっていて、理工書の棚、歴史書の棚のどちらに置くのもしっくり来ないと感じつつ、それぞれ異なる時期にメイン平台の自然科学の一群に混ぜて積んでいた。2点とも、充分に売り伸ばせたとは思えないまま売れが止まったため、平積みから外し棚に挿していた。

この買い方に出合い、これまで捉えきれていなかった「自然環境に向き合い、しのぐということ。その

❶ それぞれ別の場所で売っていた3点をお客様がまとめ買い。

❷「小屋だ」とメモしたのはなぜか。

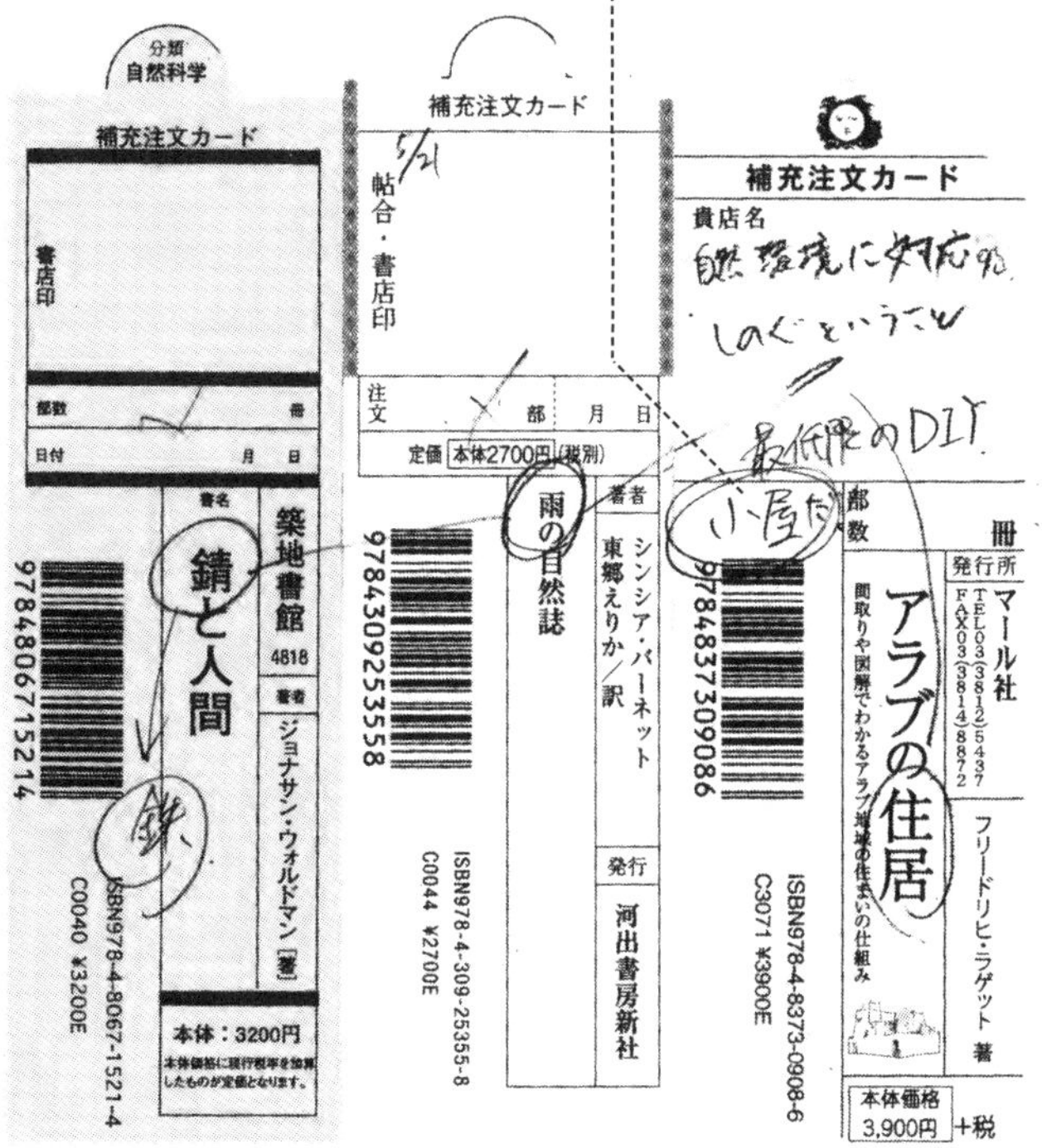

ためのＤＩＹ精神」といった軸に気づかされた。正直に言えば、スリップの「錆」（注・カバーは「錆」表記）という言葉に引っ張られたからか、サビの浮いたスチールのアンティーク家具や意図的にサビ塗装したアメリカン・バイクが好きそうな、所ジョージのような男性が買ったことを妄想した。そこから、雑誌『ライトニング』（枻《えい》出版社）やムック『所ジョージの世田谷ベース』（ネコ・パブリッシング）のカルチャー特集ページに紹介されていそうな書籍のラインナップを想像した。

ジャンル分けしづらい人文書をわかりやすいアウトドア系男性ライフスタイルに引き寄せただけとも言えるが、売場を構成する際にかなり使い勝手の良いテーマ設定ではないかと考えている。この切り口で特集コーナーを作れば、「既成のジャンルからはみ出ていて各担当者が持て余してしまうが実はトレンドに乗った面白い書籍」をまとめて買ってもらえる舞台ができそう。

❷「小屋だ」とメモしたのは、まず連想したのが『小屋の力　マイクロ・アーキテクチャー』（ワールドフォトプレス）だったから。Ａ４変判で５００ページ近い大部のムックだが、２００１年の刊行以来ロングセラーで、最近また多く目にする「小屋本」の先駆け。書誌検索で書名に「小屋」と入れれば、ここ2年ほどの小屋本ブームを感じられる。日曜大工雑誌『ドゥーパ！』（学研プラス）やログハウスを自分で建てる趣味人のための実技書ならば、置き場所は迷わず「生活実用」だが、小屋本の多くは小屋というオブジェを眺めるアート本という性格もあることから適切な陳列場所を見つけづらい。彼らを効果的に見せる場所ができそう。

アーティストの坂口恭平が土地所有権や財産の多寡に関わりなく住むことを問い直した『モバイルハウス　三万円で家をつくる』（集英社新書）や、ホームレスの自由な住宅デザインを取材した写真集『０円ハウス』（リトルモア）も、刊行当時にこのような括《くく》り方で陳列できれば、もっと売り伸ばせたかもしれない。また積み直すことも考えられる。

理工系出版社のオライリー・ジャパンが刊行する「Make: Japan Books」シリーズの『発酵の技法 世界の発酵食品と発酵文化の探求』（サンダー・エリックス・キャッツ、水原文《ぶん》訳）や、『発酵文化人類学 微生物から見た社会のカタチ』（小倉《おぐら》ヒラク、木楽舎）など、理工書棚からも人文書棚からも料理書棚からも逸脱するような面白い本も、ここに回収できそう。

またこの場所に、森の湖畔で自給自足の小屋暮らしをした19世紀アメリカの思想家H・D・ソローの『森の生活』（上下巻、飯田実《みのる》訳、岩波文庫）や、彼の名言集『孤独の愉しみ方 森の生活者ソローの叡智』（服部千佳子訳、イースト・プレス）を加えれば、人生哲学の深みをコーナーに与えつつ、これらのロングセラーをまた売り伸ばす機会を得ることができる。

C08 大風呂敷

❶ビッグデータやネットワーク理論、AI（人工知能）といった現代的なテーマのサイエンス・ノンフィクションをまとめてコーナーを作りたいが、どういった視点でまとめ、売場のどこの平台に据えるのがいいだろうか。この買われ方が参考になった。

❷SpringBootがどんなプログラム言語なのかはさっぱりわからないが、おそらくウェブ・アプリ開発に関わる何かで、この本は仕事でコードを書く人に必要なのだろうと推測した。著者が掌《しょう》田《だ》津《つ》耶《や》乃《の》だからだ。Javaを中心としたプログラム言語やその周辺技術に関して新しいものが登場したときに、いち早く解説書を出し実際にロングで売れるのは、たいてい彼の本だ。プログラミング関連の専門書は、理屈はわからなくてもとにかく掌田津耶乃を追い、彼の本を買う人を追え。そう教えてくれたのは、書店の店長を経て秀和システムで営業を担当していた小塚さんという、癖のあるおじさんだった。

この店の理工書棚は、こういった最新の言語を解説するものやプロジェクト管理の専門書などがよく売れる。周辺にエンジニアを多く抱えたオフィスがあるため、昼休みにSEと思われるお客様がよく来店している。彼らは仕事で必要な技術書は高額なものでもよく買ってくれるが、ほかにもさまざまな本をついでに買ってくれる。とくに、電撃文庫や、角川コミックス・エース系の漫画単行本、「サイクルスポーツ」（八重洲出版）や「BiCYCLE CLUB」（枻《えい》出版社）などの自転車雑誌、脳科学やネットワーク理論などのポピュラーサイエンス本を買うパターンが多い。いかにも理系男子っぽさを感じる趣味の世界だ。

❶ つくりたかったコーナーの参考になった実際にあったまとめ買い。

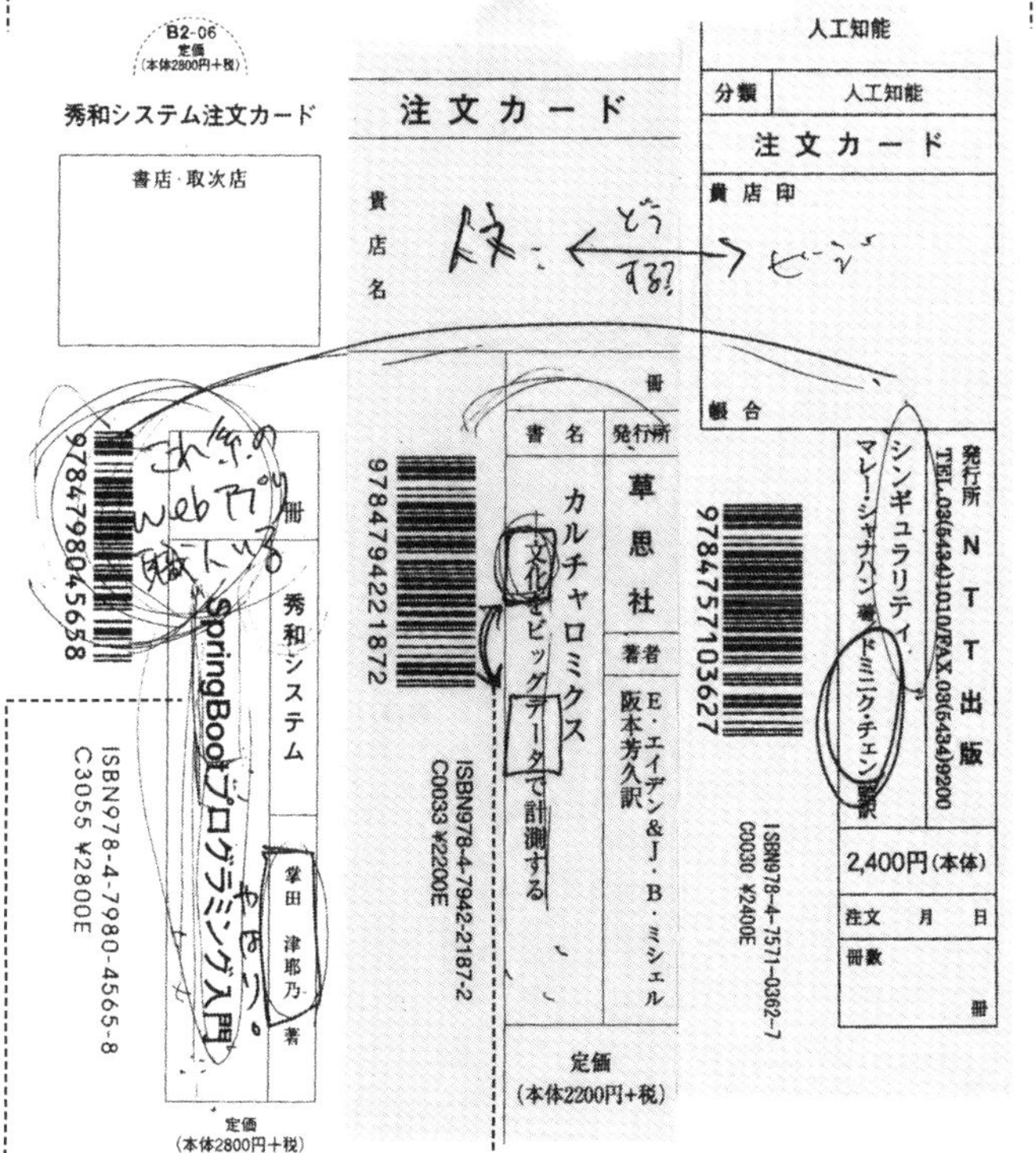

❷ この本は仕事でコードを書く人に必要なのだろうと推測。

❸ ビジネスマン向け教養書ジャンルの大きなトレンド。

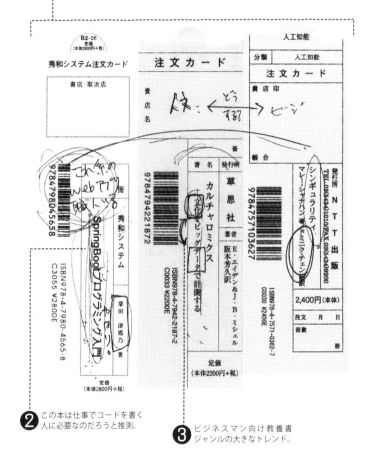

❸これまで定量的に分析するものとは考えられなかった文化や思想を、ビッグデータを用いて分析していくというテーマは、ビジネスマン向け教養書ジャンルの大きなトレンドだ。

『カルチャロミクス』は、16世紀から現代までの数百万点の書籍をスキャンし、頻出する単語を年ごとに分析したグーグルのシステムを紹介する書籍。文献を人が読んで解釈するのではなく定量的に解析できるデータとして扱うことで、新しい歴史・文化研究ができることを説く。

この副題「文化をビッグデータで計測する」を言い換えて、「歴史をビッグデータで」とすれば歴史人口学に、「消費心理をビッグデータで」とすれば行動経済学に、「知能をビッグデータで」とすればAI研究になる。実際、どれも注目されている分野だ。

歴史人口学は、ビジネスマンの教養として分かりやすくまとまった入門書は思い当たらないが、この分野を代表する研究者エマニュエル・トッドが有名だ。ソヴィエト連邦の崩壊やイギリスのEU離脱など、国際情勢の予測をことごとく的中させたことから注目が集まっている。行動経済学は名前こそ新しいが、大雑把に捉《とら》えれば「心理学×経済学」であり、心理学を用いたマーケティング本も近しいものと考えれば、従来からビジネス書の定番テーマだ。行動経済学のヒット作は多い。そのなかでも息の長い売れ筋は『経済は感情で動く はじめての行動経済学』(マッテオ・モッテルリーニ、泉典子訳、紀伊國屋書店)だ。

このように考えていくと、売れるコーナー作りができる気がしてくる。「世界の複雑さをありのまま理解する、文理の壁を越えた知の最先端」といったテーマでどうだろう。場所はビジネス書エンド平台前の通路を挟んで向かいのフェア平台。当初は、ビッグデータやAIなど、売れ筋の科学読み物コーナーを作っておけば品出しがしやすいというくらいの考えだったが、もうすこし大風呂敷を広げてみよう。データサイエンスが心理や宗教、文化、歴史さえも大摑みにできる知の道具だと宣言するかのような選書にする。実際のところは、理系ビジネスマンの知的好奇心と教養への憧れに付け込んで人文書の売上アップを狙う下心だ。

壮大なテーマを掲げると、俄然、連想ゲームが楽しくなる。コーナーに組み込む書籍を選ぶキーワードをどんどん書き出してみる。脳科学、身体論、ロボット工学、AI、アルゴリズム、遺伝、セックス、恋愛、宗教、統計学、複雑系、ビッグデータ、データサイエンス、ネットワーク理論、インフォグラフィックス、行動経済学、歴史人口学、国際政治、金融システム、戦争、気象、環境、宇宙。ちょっと広げすぎかもしれないが、かまわない。実際に売れそうな本かどうか、選書の最終段階でふるいにかけるまでは、何百点リストアップしてもいい。

列挙したキーワードのうち、並べると好対照なもの、似通ったものなどを仕分けしてみる。不要になったスリップを裏返しにして、1枚にひとつキーワードを書く。ポストイットもホワイトボードも使わずにひとりでブレスト・ワークショップをしているようなものだ。「セックス」と「統計学」、「恋愛」と「ネットワーク理論」、「宗教」と「脳科学」など、ちょっとあざといくらいの組み合わせで遊んでいると、「あれ？　そういう切り口の本を見たことあるぞ！」と思い出すかもしれない。さまざまな組み合わせでキーワードを書誌検索に放り込んで結果一覧を眺めると、知らなかった書籍にたくさん出合う。今回のコーナー作りには使えないものも、他の棚に入れられるかもしれない。

このように、あるお客様の買い方をきっかけに、その人にどれだけ豊富なバリエーションをお勧めできるか——という観点で、選書のアイディアを引き出していくことができる。

C09 文庫売場の面白さ

❶漫画家ヤマザキマリが『テルマエ・ロマエ』（エンターブレイン）大ヒット以前のリスボンでの日々をコミカルな筆致で綴ったエッセイ。文庫の正面エンド台とコミックス売場でも平積みにしていたが、そろそろ売れる勢いが落ち着いてきたため、文庫の棚前平台に引っ越す時期に来ている。

そのときは、内容や想像される読者像が近い既刊を4点から6点ほど発注してミニコーナーにしたい。まだ売れが止まったわけではないヤマザキマリの文庫も、単独で棚前平台の雑多なもののなかに埋没させてしまうと、失速してしまうかもしれない。援軍を結成してコーナー組みすることで存在感をアピールしつつ、既刊の再発掘とついで買いを誘う考え。

ヤマザキマリと近い存在として今まで売れた既刊のなかで連想したのは、ロシア語通訳者でエッセイストの米原万里《よねはらまり》だ。遠い外国にひとり渡ってさまざまな困難にぶつかっていった経験を書いているのだが、悲壮感はなく、必ず笑わせる。それでいて、文化や政治について自身の考えを率直に語るあたりに信頼感が持てる。米原万里との共著もあるイタリア語通訳者の田丸公美子《くみこ》のエッセイも、イタリア男の恋愛・結婚事情を語る視点が面白く、一緒に積めそうだ。

「渡欧した才女」という路線を想定して文庫の既刊から実売を得られそうなものを、もう少し幅広く掘り出していくなら、フランス人映画監督と結婚しパリに暮らした昭和の大女優、岸惠子の自伝『30年の物語』（講談社文庫）も良さそう。増刷し続けているロングセラーで、これからも売れるはず。カバーを飾

❶ エンド台から棚前平台に移すときに考えたこと。

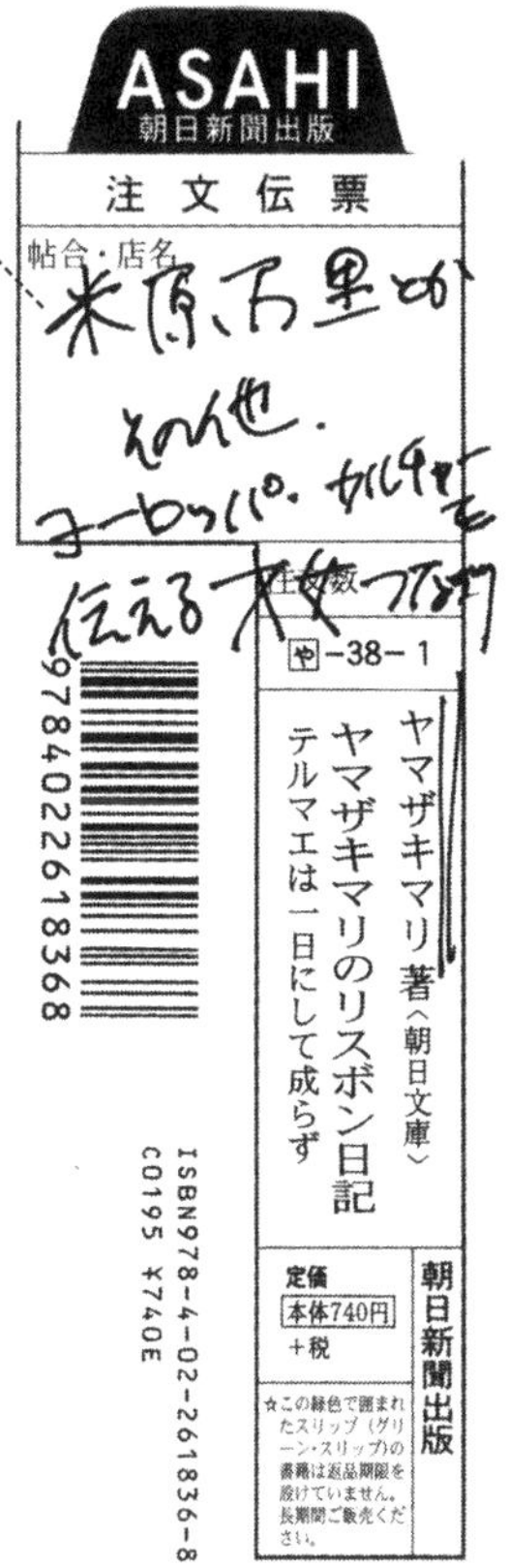

る岸恵子の20代を捉《とら》えたポートレイトは美しく、当時を知る年配のお客様の目を引くフックにもなり、若いお客様にも時代を超えたハイセンスな存在と映るかもしれない。安定のロングセラーという点では、翻訳家で作家の須賀敦子も並ぶ。女性の翻訳家兼作家というつながりで時代を下って売れた本を連想するなら、岸本佐知子のエッセイ『ねにもつタイプ』や『なんらかの事情』（ともにちくま文庫）もつながりそう。外国暮らしのエッセイではないが、外国の昔話のような美しい寓話的妄想と日常を観察する飄々とした態度、コミカルな語り口など、ヤマザキマリの隣に置いてもなんらおかしくない。

　このように、売れている文庫の平積みをひとつ主役に据えて、その周囲に関連する既刊文庫を組み合わせて数点のグループをつくるやり方は、エンド平台で売れていた平積みを棚前平台に引っ越してくるときに、いろいろな文庫に対して使える手法だ。しかし、このグループを出版社別か著者五十音順で規則的に並べた平台に組み込んでしまうと、その他大勢の平積みたちのなかに埋没してしまう。そうしないためには、エンド台から棚前に折れた先頭あたりの平台か、棚挿しを抜いて面陳にしたところにコーナーをつくって、そこに積むといい。そうした平積みグループが増えてきて、読者傾向が似通ったグループ同士を組み合わせていくと、テーマを持ったコーナーが徐々にできあがる。売れることが観察できたら、このコーナーをだんだんと拡大していく。

　ただ、やりすぎに注意が必要だ。文庫の棚前平台すべてを「女性作家のほっこりスローライフ小説＆エッセイ」や「プロの矜持に痺れるお仕事小説＆ルポルタージュ」といった文脈や、「日本の近代文学」「ミステリー小説」「恋愛小説」といったジャンルで分けてしまわず、従来通りの規則的な棚前平積みも残しておくほうがいい。そうしないと、どのジャンルに積むべきかわからない（が、積んで売り伸ばしたい）文庫があるたびに迷ってしまい、作業がはかどらない。出版社別や著者五十音順の平台があれば、一旦そこに積んでおくことができる。

三笠書房の知的生き方文庫や、だいわ文庫、ＰＨＰ文庫、日経ビジネス人文庫といった、生活実用やビジネスの文庫は、棚前平台をはじめから「美容」「健康」「ビジネススキル」などのオーソドックスなジャンル分けにしておいたほうが、お客様にとっても、文庫担当者にとっても使いやすい売場になる。これらの文庫はたいてい書き下ろしで、お客様はお気に入りの作家名を頼りに平台を探すというよりは、タイトルや帯文を見て、その本のテーマに興味を惹《ひ》かれて買う。売場担当者は、「女性ライフスタイル」「男性ホビー」「歴史雑学」といったジャンルごとの平積み点数の比率を視覚的に捉えることができる。店全体の売上ジャンル構成比やレジで入力する客層データ、売場で日頃数える在店者数の男女比などと実用系文庫の平積み構成比を照らしてみたとき、文庫売場と自店全体に傾向の違いがあれば、なぜかと考えるきっかけにもなる。

文庫売場を担当することの面白さは、一軒の書店のなかでもう一軒の独立した文庫専門書店の店長であるかのように、幅広いジャンルの読み物を扱えることだ。新潮、文春、講談社といった文庫のメジャー・レーベルの売場をある程度わかりやすく作っておけば、棚と平台をやりくりして場所を空け、そこに文庫専門書店にとっての芸術、人文、生活、実用、ビジネス、語学などの各売場を作ることができる。なかでも、生活、実用、ビジネスといったジャンルは、売場担当者の自由度が高く品揃えの工夫が売上の手応えにつながりやすい、やっていて楽しい場所になるはずだ。

C10 「日本」の売り方

❶この『二つの母国に生きて』は、アメリカ生まれの日本文学研究者ドナルド・キーンがさまざまなテーマについて書いたエッセイ集だが、彼の著作『日本人の美意識』(中公文庫)や『果てしなく美しい日本』(講談社学術文庫)などは、ドイツ人建築家ブルーノ・タウトが桂離宮や伊勢神宮、伝統的家屋の美しさを論じる『日本美の再発見』(岩波新書)や、ラフカディオ・ハーンの『日本の面影』(角川ソフィア文庫)などの日本文化論の古典と平台に並べられそうだ。

「日本の文化や風土の美点が外国人に承認される」というこの黄金パターンは、最近の例で言うと『儒教に支配された中国人と韓国人の悲劇』(ケント・ギルバート、講談社+α新書)の大ヒットにも当てはまる。ケント・ギルバートとドナルド・キーンを結びつけるのは乱暴かもしれないが、買うお客様の素朴な心情においては、重なる部分は大きいと感じる。百田尚樹の『今こそ、韓国に謝ろう』(飛鳥新社)や櫻井よしこの『一刀両断』(新潮社)といった同時期の売れ筋についても言えることだが、それぞれの書籍としての完成度や議論の緻密さを脇におけば、多くの読者が代弁してほしいと感じる愛国心や義侠心を捉えて売れていることは間違いない。そういった「愛国本」の売れ筋を積むことも書店の重要な仕事だと考える。

しかしこのジャンルは、瞬間風速的には記録的な売れ方をするものの、ロングセラーにはなりにくいものが多いことも事実だ。売れた冊数という実績に気を取られてあれもこれも長く平積みにしていると、いつの間にか売れの止まったものばかりになるだけでなく、類書が増えすぎて単調な売場になる。平積

❶「日本の文化や風土の美点が外国人に承認される」という黄金パターンから連想を始めてみる。

❷「二つの母国、言語」を行き来する人という切り口で考えてみる。

❸ドナルド・キーンからの人脈で考えてみる。

❹朝日文庫の既刊ロングセラーを考えてみる。

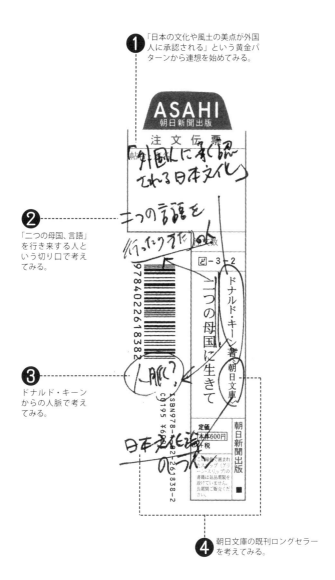

みごとに適切な切り上げどきを把握する必要がある。

❷「二つの母国」、「二つの言語」を行ったり来たりする人という切り口でも、面白い本を集められそうだ。エッセイ集『台湾生まれ 日本語育ち』（白水社）はどうだろう。著者の温又柔《オンユウジュウ》は1980年に台湾で生まれ3歳から東京に暮らしている。台湾語・中国語・日本語が交錯する家庭で育った彼女の抱える葛藤や揺らぎが率直に書かれているところに面白さがある。日本語とドイツ語の両方で小説を書く作家、多和田葉子の『百年の散歩』（新潮社）や、東欧からアメリカへ渡った移民の子として生まれ、台湾、香港、アメリカへ移り住み、現在は日本語で小説を書くリービ英雄の新著『模範郷』（集英社）もつながる。

この3冊は、テーマを設けて意図的に掘り出したものではない。この2年ほどの間、並べて積まなくてもそれぞれロングセラーだった。しかし、ふとしたきっかけで共通項が見つかると、そのキーワードを軸に売場を組み替えていくことができる。ある平積みの売れが止まったとしても、別の既刊に置き換えて平台の売上を維持していくこともできる。

❸ドナルド・キーンの人脈をたどれば、意外な本がつながるかもしれない。まず連想したのは、彼と長年の友人の瀬戸内寂聴だ。メイン平台で、ケント・ギルバート『儒教に支配された中国人と韓国人の悲劇』、瀬戸内寂聴の『生きてこそ』（新潮新書）、『ドナルド・キーン―知の巨人、日本美を語る！』（和樂ムック、小学館）が隣り合っていてもおかしくない。むしろ、ついで買いを誘いそうだ。

❹単純に文庫売場の平台に「日本文化論」という括《くく》りでコーナーを作ることを考えたとき、朝日文庫の既刊にもいくつかそこに置けそうなロングセラーがある。アレックス・カーの『美しき日本の残像』、司馬遼太郎『日本人の顔 対談集』（こちらは朝日文芸文庫）など。

C11 実験に向く平台

❶人文書コーナーの心理学の棚挿しから売れたもの。

❷精神科医に限らず、弁護士、プログラマー、棋士、スポーツ選手、職人など、さまざまな専門家たちの知見を一般性のあるビジネス・スキルに読み替える、あるいは彼らの体験や思想から仕事観や人生訓を読み取る——といった切り口は、ビジネス書の単行本、新書、雑誌特集などによくある。それなら、とくに「ビジネスマン向け企画」でなくても、さまざまなジャンルの書籍をそのままビジネス書の平台に組み込んでいいはずだ。専門外の一般人も読める書き方、一般的なビジネス書に比べて高すぎない価格など、買いやすい条件がそろっていれば、どんなジャンルから平台に連れてきても構わない。

❸とはいえ、「どんなジャンル」といっても、売りやすいもののほうが良いのは事実。定番のテーマ＝より切実なニーズに触れたもののほうが売りやすい。とりわけ「コミュニケーション」は大きなニーズ。コミュニケーションに関するさまざまな技術書が売れている。『プロカウンセラーの聞く技術』(東山紘久《ひろひさ》、創元社)は、もう「ビジネス書の大ロングセラー」といっていいほど、多くの店で人文書コーナーよりもビジネス書コーナーで売れたのではないだろうか。

『アイスブレイク入門』(今村光章《みつゆき》、解放出版社)もビジネスの棚前平積みのロングセラーだった。「アイスブレイク」とは、見知らぬ人同士が集まったときの気まずさや沈黙を「氷解」させる具体的な会話や遊びのテクニックで、学校教育の専門技術として研究されたもの。解放出版社の書籍をビジネス書棚で見ることはほぼないが、この書籍はそのまま会社のワークショップやセミナー運営の教科書になる。

ビジネス書コーナーは、こういった実験をするのに向いている。そもそも役に立つ情報であれば自己投資を惜しまない人が多く集まるのがビジネス書コーナーであり、そこでお客様に「役に立つ」と判断されたものはジャンルを問わず売れる。こちらも売れた、売れなかったという結果を判断しやすい。

ただ、実際にその積み方が効果を上げているのかは細かく検証したほうがいい。実験的に混ぜ込んだ他のジャンルの書籍が単独で売れているのに、その近辺にある普通のビジネス書が売れないことがある。そういう場合は、「ひねった置き方をしなくても、単独で売れる力のあるものは本来のジャンル棚前やエンド台でも売れる」と判断して、ビジネス書の棚前を本来の定番書を軸に構成しなおしたほうがいい。あれこれ混ぜ込みすぎて、お客様にとってわかりにくいものになっているのかもしれない。

こちらが意図した組み合わせで数冊まとめ買いしてくれているのかどうかを確認するには、売れた順のスリップ束がやはり便利だ。ＰＯＳの売上一覧からは読み取りづらいし、レジのジャーナルを取り出すのは手間がかかるからだ。

❶ 日付があることで、棚挿しから売れたことがわかる。

❷「プロ論」と書いたのは、この書籍をビジネス書棚前の平積みに組み込めると考えたから。

❸ 定番のテーマ＝切実なニーズ（この場合は「コミュニケーション」）に触れたものは売れやすい、という覚書。

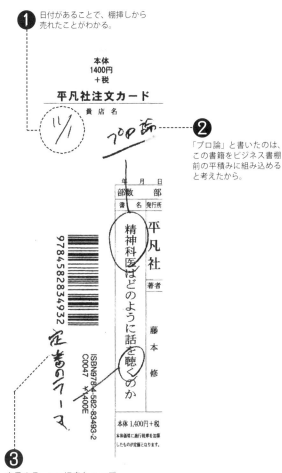

C12 ヒット作から線を延ばす

❶『村に火をつけ、白痴になれ』は、男前の若手アナキズム研究者が大正時代を自由奔放に生きた女性活動家の伊藤野枝への憧れを熱の籠《こ》もった文体で描いた評伝。この本のおかげで、伊藤野枝は現代的な「バッド・フェミニスト」として再評価された。伊藤野枝つながりでは『美は乱調にあり』（瀬戸内寂聴、岩波現代文庫）もある。

❷ロクサーヌ・ゲイからは、訳者の野中モモの既刊を調べてみる。『GIRL IN A BAND キム・ゴードン自伝』（DU BOOKS）がつながりそう。ニューヨークのパンク・ロック、オルタナティヴ・ロックを牽引したバンド、ソニック・ユースの女性ベーシストは、たくましく美しくファッショナブルな女性のアイコンとして広く知られている。また、野中の訳書には『ガール・ジン「フェミニズムする」少女たちの参加型メディア』（アリスン・ピープマイヤー、太田出版）がある。ジンとは、予算をかけず自由な表現で制作するリトルプレスの一種。伊藤野枝も参加した「青鞜《せいとう》」は大正時代のガール・ジンと言える。

こうしてヒット作からつながげられそうなものを連想し、書誌検索や他店視察をして書籍をリストアップする。そのラインナップを、「『バッド・フェミニスト』を買った人がこちらも買うだろうか」という視点で、古臭いと映らないか、堅苦しいと感じないか、単品ごとに商品として売れそうか――という判断でふるいにかけながら、数点ずつ売場に組み込んでいく。

❶ ヒット作とつなげることができる作品は何か。伊藤野枝を描いた他の作品では、森まゆみの『「青鞜」の冒険』(集英社文庫)が手にしやすそう、と連想している。

❷ バッフェミ=『バッド・フェミニスト』(ロクサーヌ・ゲイ、亜紀書房)のこと。生真面目な女性解放論者でなくてもいいじゃない、可愛い服も好きだし男性も好きな「ダメ」フェミニストだけど、そのくらいがちょうどいい……というスタンスが支持されヒットしたエッセイ。

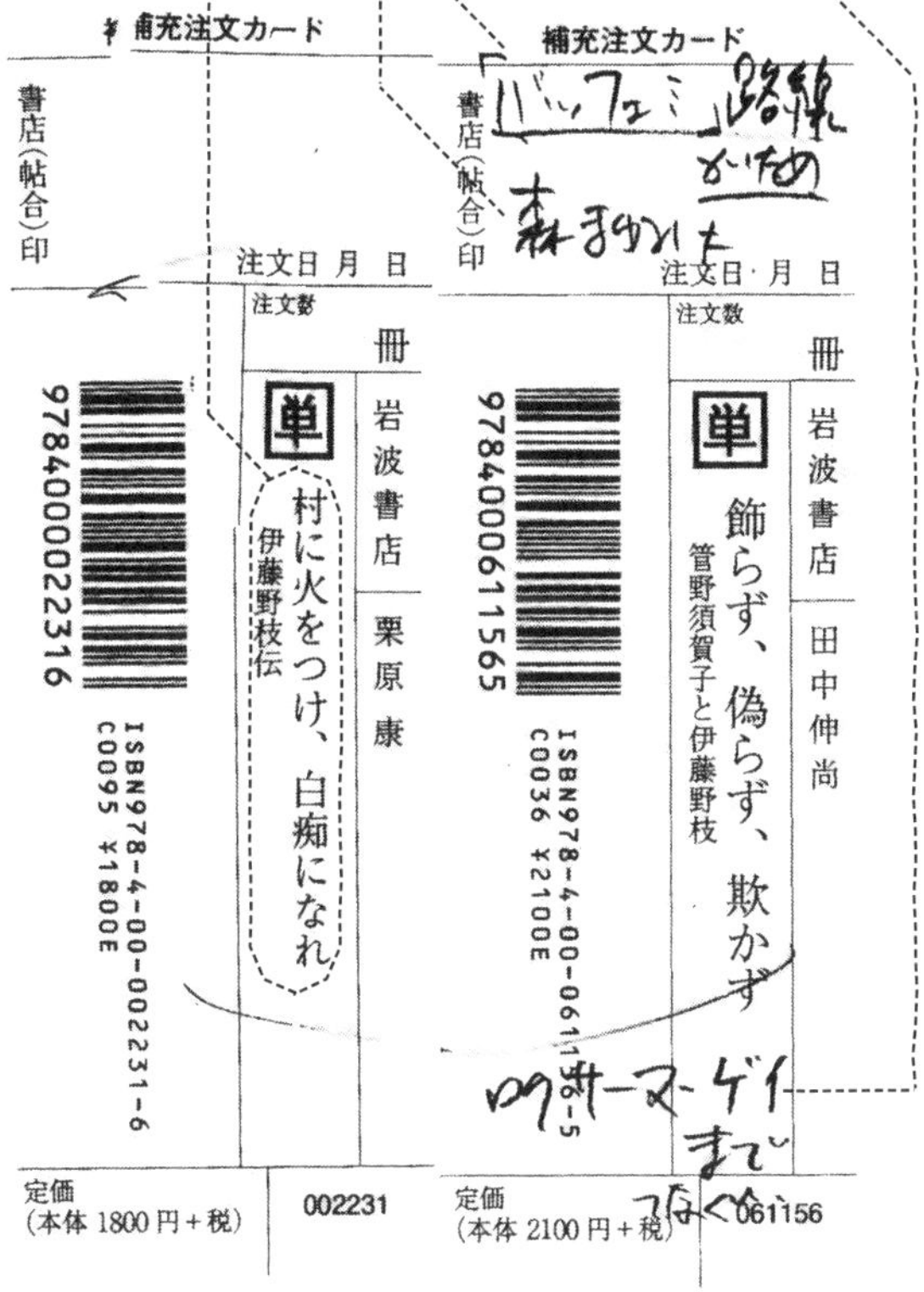

C13 勘違い

❶『服従』は、近未来のフランス大統領選をモチーフにした小説。極右とイスラム系候補が競り合い、その結果フランスにイスラム政権が誕生する。現実のフランス大統領選がそれに追いつくかのような展開を見せたために、「予言の書」と話題になった。版元の河出書房新社からも「激震!! ついに小説が現実になる――」という惹句のパネルやPOPが届き、多くの店が平積みや面陳にした。エンド平台などでこの1タイトルを売るぶんには、既成のPOPやパネルで充分に目立たせることができた。しかし、横に何かを並べて売場に意味を持たせたり、あわせ買いを誘うには、うまく組み合わさるものが思い当たらずにいた。

エンド平台から外して棚前平台に引っ越すときにも、同様の問題があった。作品自体はやはり小説であり著者のウェルベックも文学の人だ。どの棚の前に積むかと言えば、海外小説コーナーになる。ひとまず思いついたのは、ロングセラーの『一九八四年』(ジョージ・オーウェル、高橋和久訳、ハヤカワepi文庫)だった。全体主義的な国家体制に人々が盲従していく恐怖を描いたところは、『服従』と通じるかもしれないし、現代日本の状況への批判という意味づけを平台に演出できるかもしれない。

しかし、いまいち冴えない組み合わせとも感じた。このままでは、平台に植えつけようとしている意味がわかりやすすぎる。わかりやすすぎる平台は、お客様を立ち止まらせることができない。この2冊だけの組み合わせでは、「ああ、バタ臭い系のインテリ左翼向けね」とひとことで片づけられるかもしれ

❶ この2冊は、おそらく同じ人がまとめて買ったに違いない。これは自分が悩んでいた平積みの組み合わせについて、ものすごく冴えたアイディアを示してくれている！　と大興奮したが……。

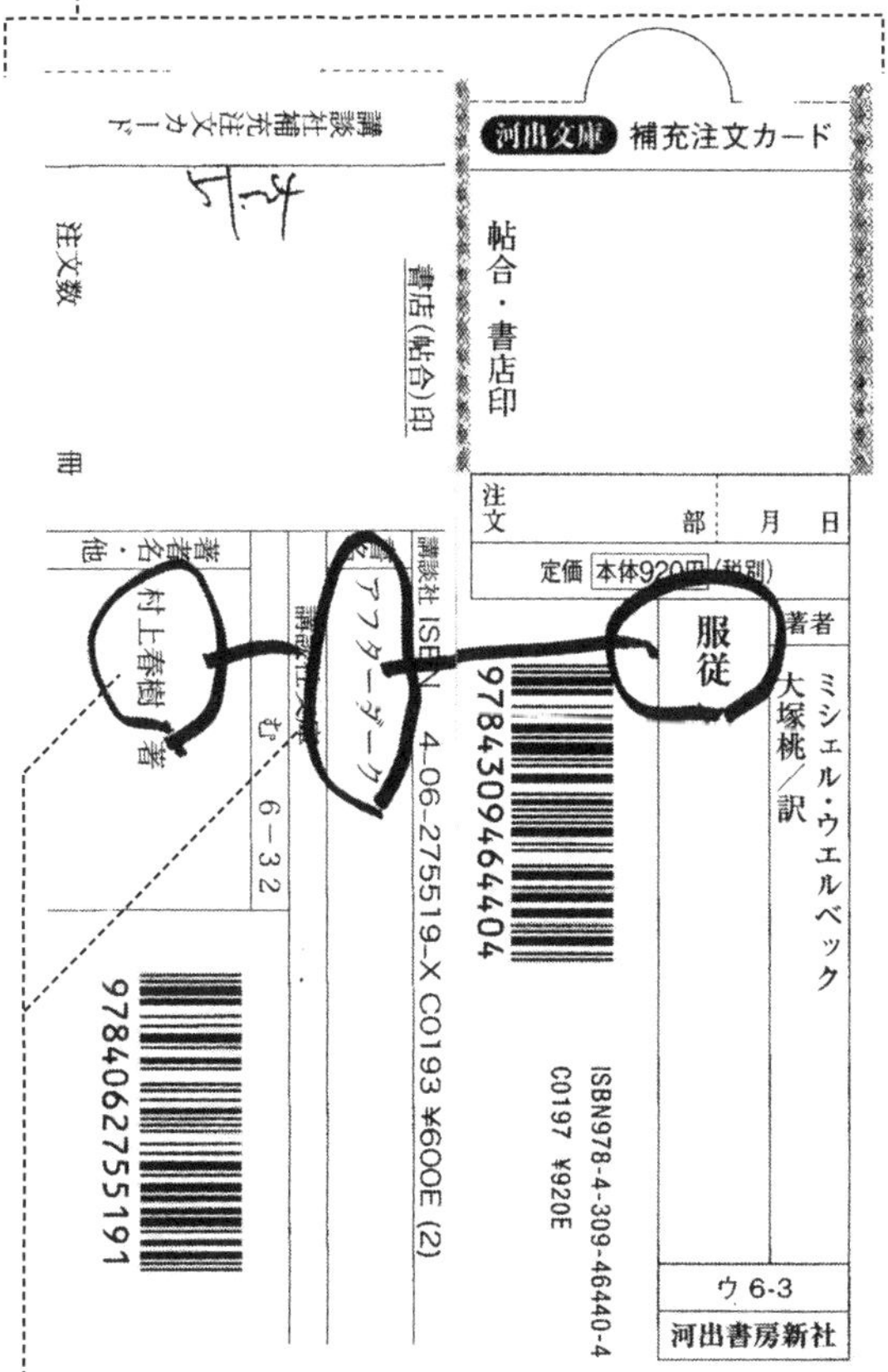

❷ 村上春樹ならば、海外小説の平台にあってもいい、と考えたのだけれど。

ない。もっと「フック」がほしい。一見すると「あれ！ なぜこれがその並びに？」と感じて足を止め、本を手にして意図を理解したときには「自分ごと」として刺さるような、お客様を釣り上げるような針はないものか。それを文庫担当者に示すことができれば、店長としての株も上がるのだが。そうモヤモヤとしていた。

❷そんなときにお客様のこのまとめ買いスリップを発見して、「これだ！ どうして自分は気づかなかったんだろう」と興奮した。

村上春樹なら一般的な知名度も充分あって、誰もが手に取りやすい。それでいて「なぜ今この既刊を棚挿しではなく平積み？」という疑問をかき立てる。海外小説の平台に組み込んでも構わない、村上春樹ならもう世界文学の作家だと考えればいい。違和感があっても、それがフックだ。

村上春樹は、地下鉄サリン事件の関係者たちに取材しノンフィクションを書いた。サリン事件を実行したオウム真理教の信者たちも、ＩＳ（イスラム国）に合流した若者たちに近い思いを抱えていた。狂ったようなバブル経済の世の中から逃げ出して、精神性の高みを目指したい。そんな思いは、現代の僕たちも共有しているはずだ。このお客様は、なんて冴えているんだ！ この組み合わせで「これは、寄る辺なき不安を生きる僕たち自身の話」といったコメントをつけて平積みにするのはどうだろう。

そこまで考えたところで、勘違いに気づいた。村上春樹が地下鉄サリン事件に取材したのは『アンダーグラウンド』で、このお客様が買ったのは『アフターダーク』だ。

スリップの読み解きは多くの場合、勘違いや妄想だ。しかし、アイディアを引き出すきっかけとなればそれでいいはずだ。

C14 著者のしてきたことを知る

❶人文書の棚で社会批評の品揃えを考えるときに、軸になるキーワードがいくつも盛り込まれたスリップだと気づき、今後の棚作りの道筋をメモしながら考えた。

この本がロングセラーとして売れ続けるかはわからないが、社会批評の分野で議論されているテーマをいくつも含み、また論壇で重要な投げかけをしているキーパーソンを引き合わせた、とても今日的なものだと感じた。

❷それぞれの著者がこれまで論じてきたテーマと、この本のテーマである相模原障害者殺傷事件が交差する部分から、人文社会の棚に組み込むべき論点を考えたい。

立岩真也《たていわしんや》は社会学者で、これまで安楽死や臓器提供といった命の自己決定権の問題や、障害者の自立、ベーシック・インカムなど、人間らしく生きるために必要な最低条件とは何かという生存権のあり方について、具体的で多岐にわたる提言をしてきた。書籍の副題には「優生思想」と書かれている。優生思想という言葉から、「なぜナチズムは現代でも問われるのか」は重要なテーマだと考えた。ホロコーストの悲劇を語り継ぐ、全体主義政治の熱狂を警戒する――といった大きなテーマだけがナチズム批判ではないはず。身体の健康や暮らしの健全さといった日常の細部まで、ナチズムは有益性至上主義で塗り固める。立岩真也のこれまでの議論と優生思想に代表されるナチズムを重ね合わせたとき、現代社会批評の論点が具体的に見えてくる。

たとえば、料理を作って食べるという人間の基本的な行為が、経済合理性や有益性によって画一化されていくことを批判した書籍に『ナチスのキッチン「食べること」の環境史(決定版)』、『食べること考えること』(ともに藤原辰史《ふじはらたつし》、共和国)がある。食とナチズムという2つのキーワードをクロス検索することでこの2点の既刊を掘り出すことができたなら、衣服×ナチズム、住居×ナチズム、医療×ナチズム、社会保障×ナチズムなど、さまざまなキーワードをクロス検索してどのような書籍を掘り出せるのか、試してみる。

❸杉田俊介の扱ってきたテーマを既刊や経歴から調べてみる。彼は『フリーターにとって「自由」とは何か』(人文書院)で知られる批評家で活動家。団塊ジュニア世代が20代以降に直面してきた経済状況や非正規労働問題を、当事者のひとりとして内部から批評してきた。彼と同じロスト・ジェネレーションは、学生時代にバブル経済の崩壊、阪神淡路大震災、地下鉄サリン事件を経験し、社会に出ると同時に2000年代以降の長い不況や経済格差の増大を体験してきた。現代日本のヘイトクライムやレイシズムの前提となるさまざまな論点は、彼を含むロスジェネ論壇のこれまでを振り返るなかにヒントがありそうだ。杉田と同世代の政治学者、中島岳志は『秋葉原事件 加藤智大《ともひろ》の軌跡』(朝日文庫)を書いている。労働問題とヘイトクライムを90年代から続く文脈のなかで位置付ける社会批評として、こちらも棚に入れるべき本かもしれない。

このように、1枚の売上スリップをきっかけに、社会問題の相関図や棚の品揃えを考えていくこともある。こうやって考えることは、棚作りにすぐに役立たなくても、初めて出合う新刊をどの文脈に置くべきか、誰が買うのかといった判断を助けてくれる。

❶ 社会批評の品揃えを考えるキーワードをいくつも思いつくことができた。

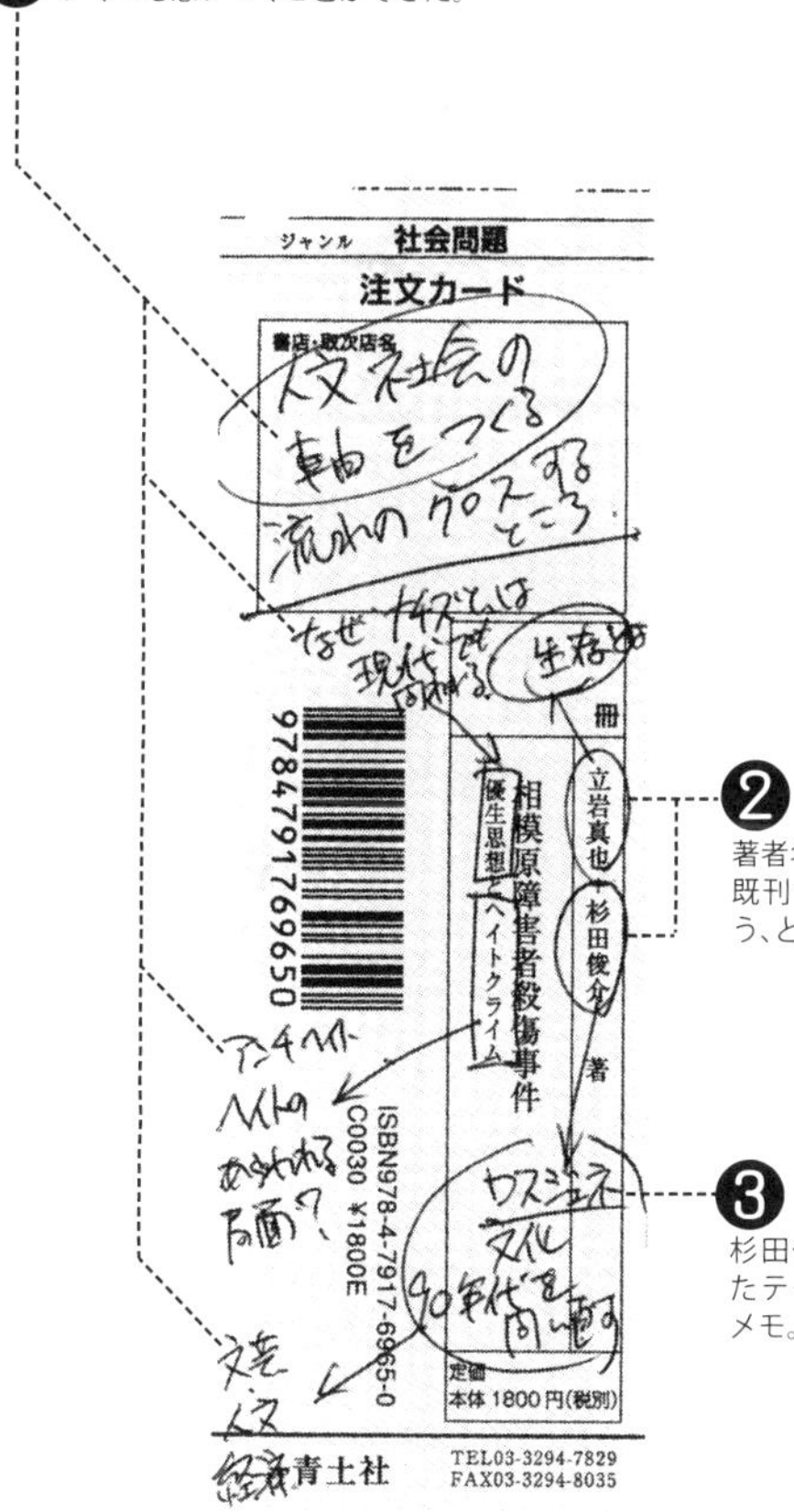

❷ 著者名を手がかりに、既刊や経歴を調べよう、というメモ。

❸ 杉田俊介が扱ってきたテーマを確認するメモ。

C15 メイン平台の自由

❶実際にあったまとめ買いかはわからないが、買う動機がとても近いと感じた。どちらもメイン平台に積んでいたが、『暇と退屈の倫理学 増補新版』は正面入口に面した哲学・思想の一角に、『孤独の愉しみ方』は裏側の「自然な暮らし」や生き物を扱った書籍の一角に、意図的に離して置いていた。國分《こくぶん》功一郎は人文系の書き手として認知されている、ソローは森の丸太小屋で自給自足した人だからアウトドアのイメージがつよい——といった自分のなかでの切り分け方が正しいと思っていたからだ。

それぞれ単独の力で売れる書籍だから、品切れさえさせなければどっちに積もうがたいした問題ではない。しかし、この2枚のスリップはほぼ同じことを言っている！と気づいた。「暇と退屈とのあるべき向き合い方を哲学しよう」、「孤独を良きものとして愉しむ叡智を語ろう」。売場でカバーから伝わるメッセージはほぼ同じと感じた。

❷「メイン島なら、ひっつく」は自分に向けた言葉。メイン島平台は、スリップから得たアイディアを元に、自由に引っつけたいものを組み合わせていいんだよ！もっといろいろな組み合わせを試せ！と自分を鼓舞している。

各ジャンルの棚前平台は、棚挿しに対応したオーソドックスな並べ方にしておく必要がある。1本の棚前に立ったときに見える平積み10点のうち、他のジャンルから持ってきて意外性を出すようなアイテムはひとつか2つといった割合がちょうどいい。棚前平積みが棚1本あたり10点ということは（たとえばその棚に「占い」と「美容」の2つの小ジャンルの書籍が挿してあるなら）10点ぶんの平台をこの2つの小ジャンルで5対5か6対4くらいで分け合うことになる。「美容」で5点平積みするとして、売れ続けていて平台から外せないロングセラーが2点、最近の新刊が3点だとする。新刊の3点のなかで売れ行きが鈍いことがはっきりしてきたのはひとつだけ。そうなると、文芸書売場から林真理子のエッセイを持ってきてここに積めば売れそうだけど、そういった遊びで使える平積みはこの1面だけかな……と考える。それ以上他のジャンルから持ってきて積むと、この場所でしか積めない本来のジャンル新刊を陳列できなくなってしまう。それぞれの小ジャンルの定番書と新刊をきっちり積んでおかないと、ここが何の売場なのかお客様とアルバイトさんにはわかりにくくなってしまう。

それに対して、各島の両端にあるエンド台やメイン島平台は、もう少し自由に表現できる。むしろ、ついジャンル分けして作業効率を良くしようとする習性をこらえて、自由に表現すべきだ。といっても、自分が好きな本をあれこれ寄せ集めて積むといったことではない。積まなければいけないものを積むという制約のなかで並べ方を工夫することで、お客様に「私好みの本はここに来れば必ずある」と思ってもらえる品揃えをし、そこに「次に売れると考えるヒット予備軍」を投入する。その並べ方の工夫と、「次のヒット」の選び方に書店員の自由がある。

メイン平台は、基本的には店の全ジャンル総合売上ランキングの上位銘柄がひしめき合う場所だ。当然、全国どこの書店でも上位にランクするようなベストセラーを積む。できるだけ多くのお客様が「ここがいちばん売れているものを一覧できる場所だ」と理解し立ち寄るよう仕向ける必要がある。まず、メイン平台をみんなが来る場所に育てることが大切だ。しかし現実的には、そういった一般的なベストセラーが勝手に売れてくれるのは、よほど入店客数が多い店に限られる。また、店の売上全体のなかで、上位100銘柄に入るようなベストセラーがすべてを担ってくれているわけではない。むしろ、月に3冊程度売れるようなアイテムの数をどれだけ増やすか、その月3冊ペースの売れを10冊、15冊へどうやって伸ばすか――といった取り組みの積み重ねが売上を左右する。月に3冊売れるものを数多く揃えるのは棚前平積みの役割だ。エンド台や島平台は、その場所に客足がついていることを利用して10冊、15冊と売り伸ばす役割を担う。

高い平積みで存在感を主張するベストセラーのそばにスペースをこじ開けて、「この本を買うあなたには、これもおすすめ!」というヒット予備軍を、「これも同じくらい売れています」と組み合わせていく。実際、同じくらい売れることを目指しているし、月に3~4冊しか売れないようなら棚前平台に降格させる。

テーマや雰囲気が似通ったものがいくつも連なることも避ける。狭い平台の上で幅広いテーマを網羅していくには、ひとつのテーマを2つか3つの書籍に絞って配置していく必要がある。ひとつのテーマに対して類書がいくつも並んでいると、くどくどと説明されているような単調さを感じさせる。その場合、いくつか平積みを「間引いて」、お客様に「なぜこの2つの本が並んでいるのだろう?」と興味を持ってもらい、お客様にもご自分の連想を楽しんでもらえるように調整する。平台に積んでからの日数や実売数といった成績や、この平台ではない場所のほうが売れるという代替案を組み合わせて、外せるものを選び出していく。

このスリップの例でいうと、『孤独の愉しみ方』はこのとき積んでいる場所で『ものの考え方』(串田孫一、

❶ メイン平台に積んでいた２点。

❷「メイン島なら、ひっつく」は、自分への鼓舞。

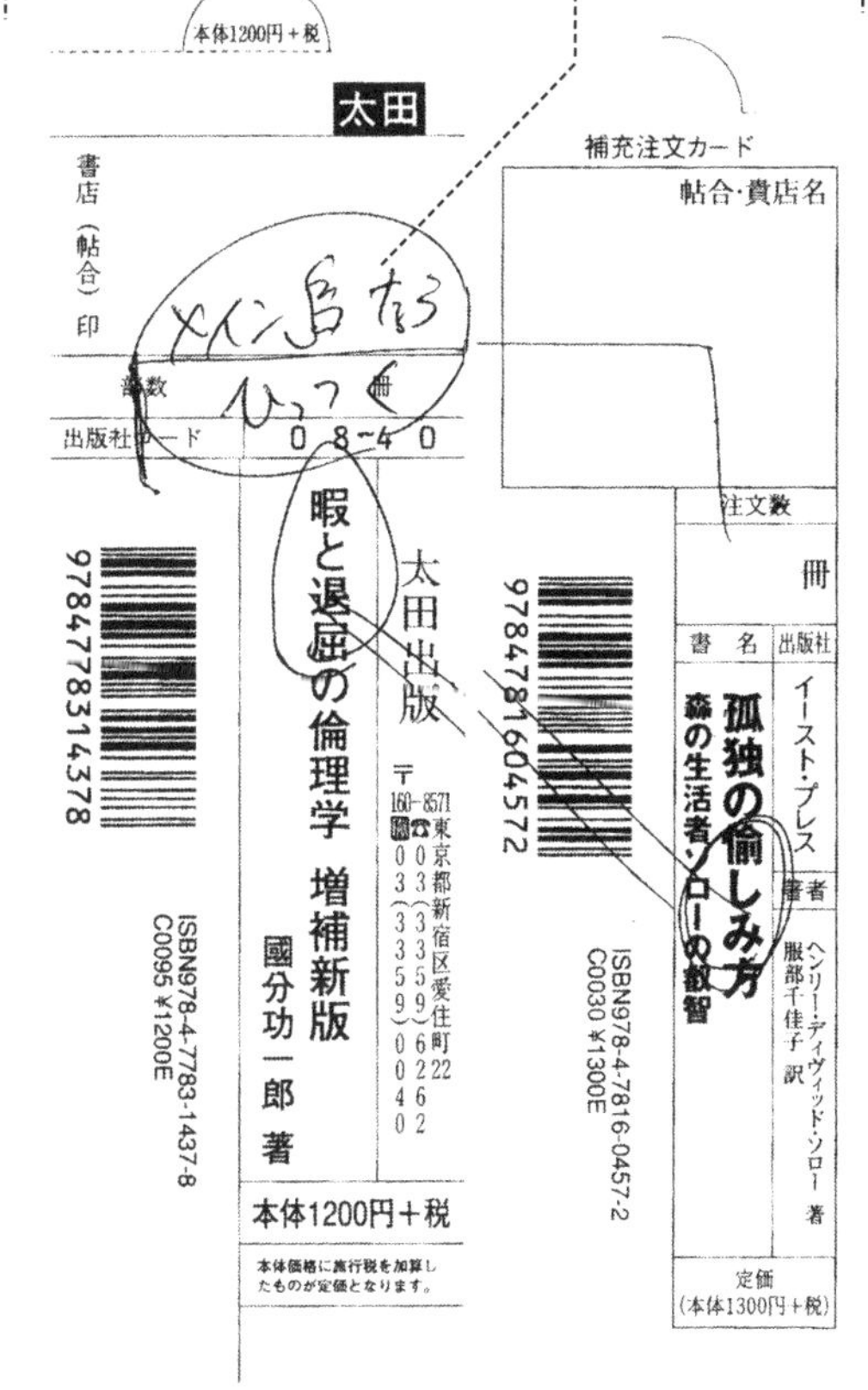

学術出版会）、『ツリーハウスをつくる』（ピーター・ネルソン、日本ツリーハウス協会監訳、二見書房）、『アーバンサバイバル入門』（服部文祥、デコ）、『熊田千佳慕《ちかぼ》のクマチカ昆虫記』（熊田千佳慕、求龍堂《きゅうりゅう》）といった書籍と一緒に並べていたが、同じようなテーマやムードの書籍が増えすぎている。メイン平台の販売効率の点でも、平台の目新しさという点でも、この場を変えなければいけない時期だ。

そこで、『孤独の愉しみ方』を國分功一郎の隣に引っ越し、『ツリーハウス』と『アーバンサバイバル』を間引くことにした。そうすると串田孫一と熊田千佳慕が隣り合う。ぎゅっとコンパクトになった並びに、『野尻抱影《ほうえい》 星は周《まわ》る』（平凡社）を積んでみる。野尻抱影は星と星座を研究した文学者で民俗学者、串田孫一は登山を愛した文学者で編集者、熊田千佳慕は花と昆虫を写生し続けた画家。「自然と向き合う」という共通項でゆるやかにつながりながら、それぞれの本が扱う対象は異なる。そして、それぞれがコツコツと売り続けることができるロングセラーだ。

こういった作業は毎日繰り返すので、現在の並び方もすぐに変わってしまう。どの並べ方でなければいけないといった答えはない。

C16 いただきます

❶実際にあったまとめ買い。このお客様のチョイスを、そのままメイン平台の品揃えに使わせてもらった。

❷『幸福のレッスン』は、演出家で作家の鴻上尚史《こうかみしょうじ》によるエッセイ。演劇人らしい客観的な視点から人のこころと体の繊細なつながりを見つめ、やわらかい言葉で教えてくれる。自分で自分の幸福を見つけるためのレッスンとして、誰もが取りかかれそうなきっかけを示してくれる。

「こころと体のつながりを大切にした自分らしい身の丈の幸福」から連想したことをメモ。たとえば「時間とお金のつながりを大切にした身の丈の豊かさ」。自分の時間の価値について教えてくれるやわらかい（そして売れた）啓蒙書といえば、ミヒャエル・エンデの『モモ』（岩波書店）がまず思い当たる。エンデは金融資本主義が加速し人の幸福を阻害していることを批判し、独自の地域通貨を提案する言論活動でも知られる。エンデのお金をめぐる思想を読めるものといえば、『エンデの遺言――根源からお金を問うこと』（河邑厚徳《かわむらあつのり》、グループ現代、講談社＋α文庫）がある。

❸『手の治癒力』は人文書の棚前にも平積みにしてあるが、これは生活実用の棚挿しにしてあったもの。数ヶ所に分けて同じ書籍を陳列するときは、どの棚や台から買われたものか把握できる目印をスリップにつけておいたほうがいい。

❹『手の治癒力』は人文書の棚前で『内臓とこころ』（三木成夫《しげお》、河出文庫）や『第三の脳――皮膚から考える

命、こころ、世界』（傳田《でんだ》光洋、朝日出版社）と並べて積んでいた。

前者は、解剖学者が4億年の生命進化の大河を遡《さかのぼ》るスケールの大きな視点から人間の臓器の成り立ちを解き明かし、幼児のこころと体の精緻な関わりあいを説いたもの。後者は皮膚工学の専門家が研究成果を一般向けに書いた科学ノンフィクション。人間の皮膚を平面に引き伸ばせば、たたみ一畳にもなるという。そこに張り巡らされた神経のネットワーク構造は基本的には脳と同じであり、脳に匹敵する情報処理能力だけでなく色や光を識別し、微弱電波を発する機能を持つという研究。

しかし、実際には『手の治癒力』は人文書棚前ではなく実用書コーナーで、読みやすい「癒《いや》し」の本として買われた。同じく実用書コーナーで平積みから売れた『感情の整理術』は、誰もが感じる不安や嫉妬といった感情を解きほぐす手軽な方法として瞑想の良さを説く、造本のかわいい1冊。スリップの売れ数メモを見ると、既刊を積み直した8月からふた月で5冊売れている。『手の治癒力』を実用書コーナーに平積みにしたほうが売り伸ばせそうだ。

❶ 実際にあったまとめ買い。

❷ 「幸福」から連想したことを次々とメモしている。

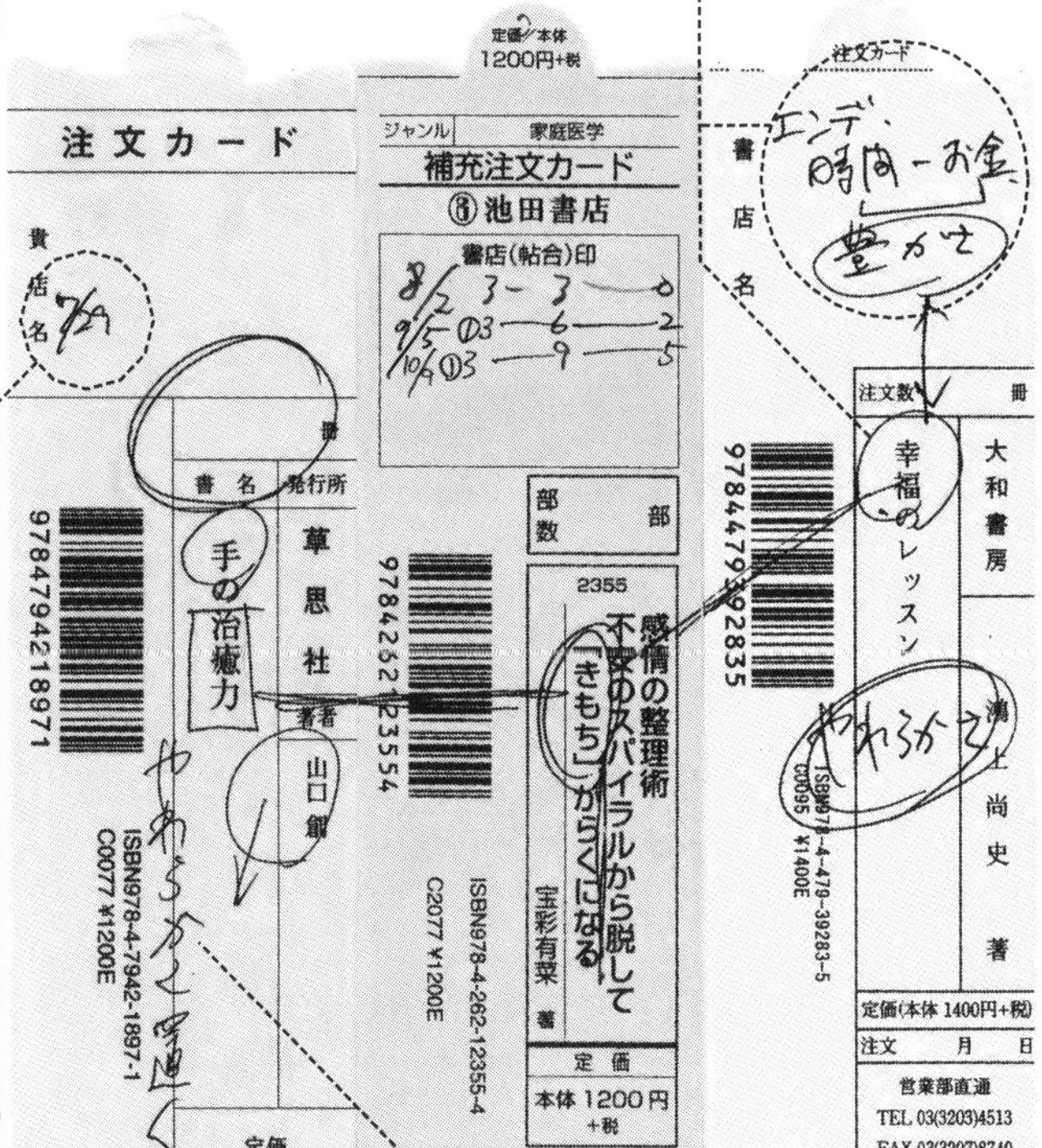

❸ スリップに記入したこの日付で棚挿しから売れたとわかる。

❹ 人文書の棚前にも置いていたが、実用書コーナーのほうで売れた。その事実から気づいたことがこのメモになっている。

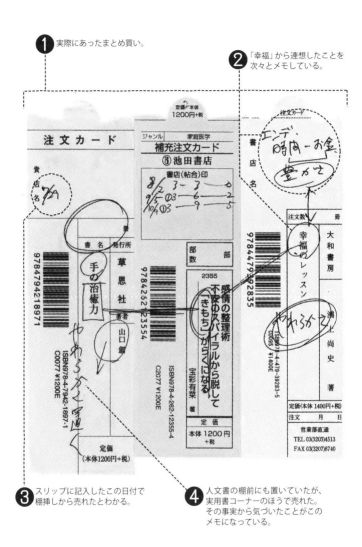

D 読者像を描き出す

まとめ買いのスリップから具体的な読者像を描き出し、そのバリエーションを増やしていく。書店員ひとりの狭い視野では気づくことのできなかった、さまざまな視点から発注や陳列ができるように。

D01 ミスターMBA

❶3点とも、それぞれのジャンル棚前平台からお客様自身がピックアップしたもの。

❷『イシューからはじめよ』は2010年の大ヒット以来のロングセラーだが、これだけ長く積み続けていると売れ方も鈍ってくる。それでも平台から外さないで済むように、「何と組み合わせるか」を考え、売場での見せ方を変えて売り続けろ——と自分に言い聞かせているメモ。

❸『イシューからはじめよ』は、経営理論の本としても、汎用性のある思考術の本としても読める、さまざまな人が買う可能性があるという意味で間口が広い。『ビジネス思考実験』は、個人のスキル・アップ本ではなく、経営学の理論書。著者は早稲田大学ビジネススクールの教授。このことから、このお客様は専門的な経営理論を学びたい人だとわかる。ハーバードやウォートン、スタンフォードといったビジネススクールの教授や、そこで学位を取得したコンサルタントが書いたことを売りにした「横文字系」ビジネス書は、それが売れる店とそうでない店を選ぶが、この店には読者がいると再確認できる。ひと

❶ 実際にあったまとめ買い。
すべて平積み。

❷ 売り続けろと、自分に言い聞かせているメモ。

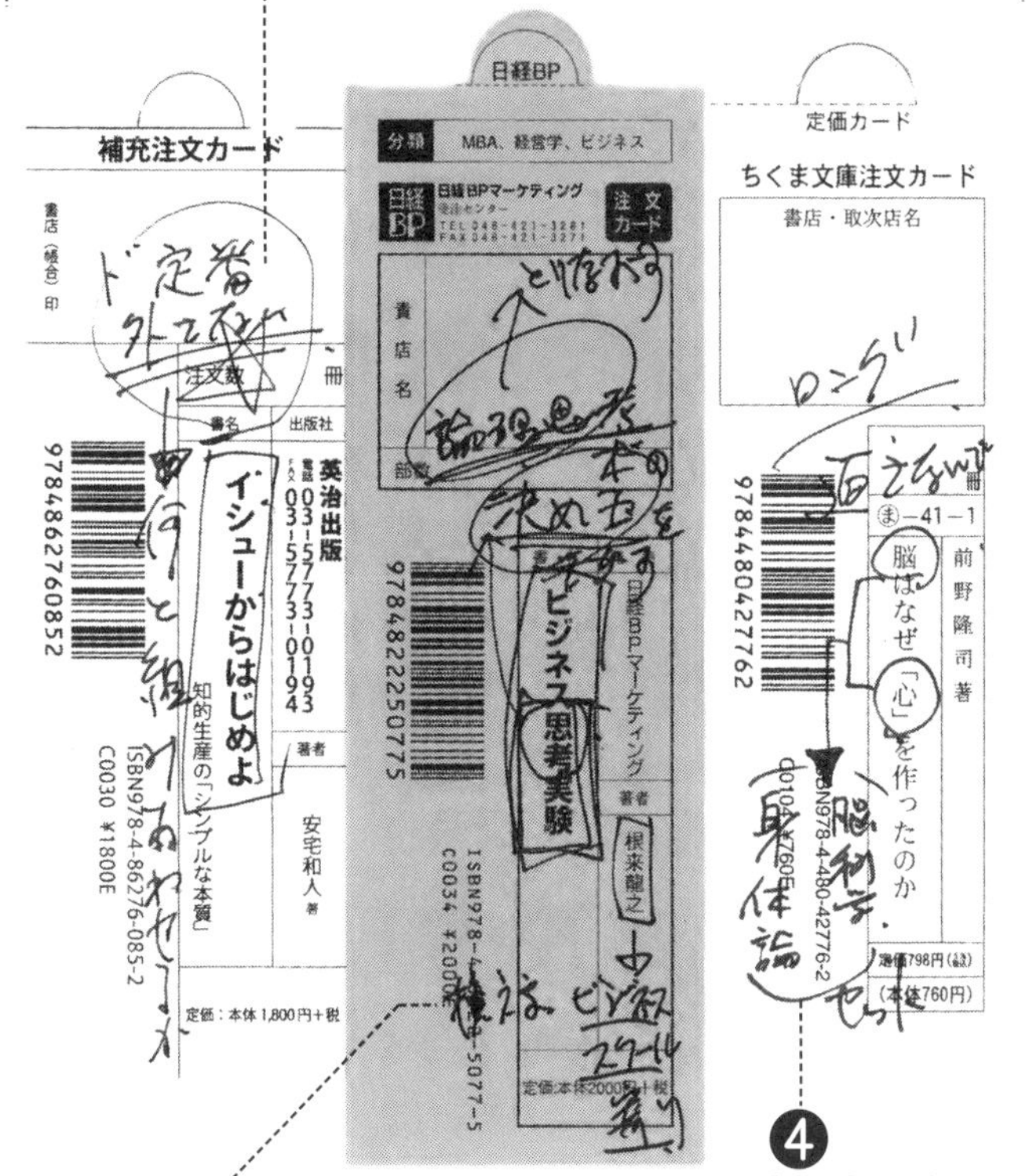

❸ この店には「横文字系」ビジネス書の読者がいると再確認。

❹ 「脳」と「心」の○印は文庫担当者へのメッセージ。

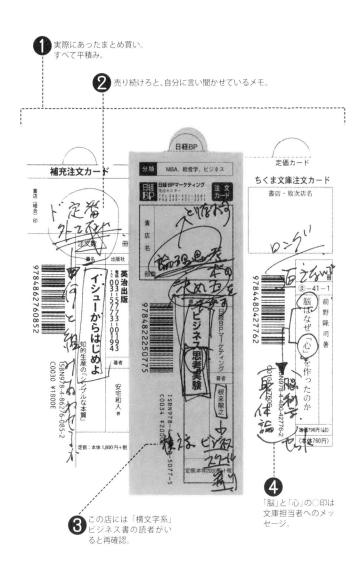

まず男性と想像して、仮に「ミスターＭＢＡ」と心のなかで呼んでみる。

ミスターＭＢＡはビジネス書の島什器を一周している。表側の棚前平積みから『イシュー〜』を、裏側にある経営学の棚前から『ビジネス思考実験』をピックアップしているからだ。表側の棚は、自己啓発や各種ビジネス・スキルなど、間口が広く読みやすいものを中心に平積みを構成している。しかし、彼のように硬派な読者にも満足してもらえるような「論理思考法といえばこの本」と言える「決め球」をさがして表側の平台に仕込み、硬軟取り混ぜた品揃えにしておこうと考えた。

❹『脳はなぜ「心」を作ったのか』があることで、ミスターＭＢＡは文庫売場の奥まった壁の棚までも足を運んでくれているとわかる。彼のように難解な経営理論書も読もうという意欲のある（読めるか、読んだかよりも、読みたい、買いたいと知的に興奮している——と僕が想像する）ビジネス・パーソンが、哲学や科学といった教養ジャンルでどんなものを求めているのかと考えるきっかけになる。

タイトルの「脳」と「心」に○印をしたのは、脳と心を対置させている点がこの本の肝心なところであり、その意図を掘り下げることで脳科学本ブームに乗りつつ深く掘り下げた品揃えをできるはずだ——という文庫担当者へのメッセージ。では「掘り下げる」とはどういうことか。たとえば、以下のような連想をしてみることだ。

スリップには「脳科学・身体論・セット」と記した。脳科学をテーマにしたサイエンス・ノンフィクションは、売れ筋を思い浮かべやすい。この『脳はなぜ「心」を作ったのか』もロングセラーで、前野隆司《たかし》は他にも著作が多い。茂木健一郎や池谷《いけがや》裕二といった、脳科学をベースに一般性のある読み物でヒットした著者も思い浮かべることができる。ハヤカワ文庫の翻訳書なども含めれば、脳科学の売れ筋文庫だけで棚を何段か作ることができそうだ。

脳を語る書籍は既刊から掘り出しやすい。解剖学者である養老孟司が青土社から1989年に刊行し、現在も文庫のロングセラーである『唯脳論』(ちくま文庫)は、解剖を通して見る「もの」としての人体やその仕組みの考察を起点に、ヒトの意識と身体、周りの環境とのつながりの全体像を俯瞰する。

そう、脳だけではなく「身体」だって誰にとっても重要な関心ごとであるはず。意識と身体がつながっているというテーマは、僕だけでなく多くのお客様が共感してくれることなのではと考え、「意識と身体はつながっている」「身体だって、考えている」とキャッチコピーをパネルに書いて、メイン平台で「身体論」特集コーナーを作ったことがある。「意識とは何なのか?」という問いかけに始まり、無意識とは、無意識と身体の働きの関係とは、身体と周りの環境の関係とは――と掘り下げていく。その流れをひとまとめにしたものが身体論だ。脳科学が売れ筋のテーマならば、その読者が次に身体へと関心を向けてくれて売れると考えた。実際、自店で企画したテーマ特集としては「旅」特集の次に売れた。その身体論コーナーを文庫売場にも作るように、文庫担当者にほのめかしている。相手に無理強いしたくはないが、伝えたいことは一度ではなく何度も繰り返し、こうやってスリップで伝えている。

D 02 チョイスピのお客様

❶たちばな出版や幸福の科学出版の本は、熱心な常連のお客様が買ってくれるから、棚に既刊を揃え新刊もちゃんと平積みにはするが、「それ系」の集まるコーナー内に押しとどめて、他のコーナーにはみ出さないように扱ってしまう。売場から排除したいとはまったく思っていないのだが、よくわからないものとして、つい括弧で括《くく》ってしまうのだ。ひとまずそれらを「チョイスピ」と呼んでいる。重厚な神秘主義の専門書ではなく、「前世の記憶」「守護霊」などがカジュアルなノリで語られるチョイとスピリチュアルな自己啓発書のことだ。

❷「チョイスピ」棚から買ってくださるお客様には、熱心な読者が多い。ご自身の価値観や興味に合えば、お金を惜しまず買ってくださる印象がある。このお客様のなかでは、深見東州からマザー・テレサまでがつながっている。カトリックの修道女も、スリランカの仏教僧も、謎のスピリチュアル実業家も、同じ本棚に並ぶ可能性があるのだと気づかされる。「チョイスピ」の棚前の平積みを、もうすこし幅広い意味で捉《とら》えて、宗教家の人生訓などを組み込もうと考えた。

❸マザー・テレサは、国際的な慈善家という側面から、人文社会やソーシャル・ビジネスの文脈にもつながりそうだから、ちょっと多めに追加しておこうと考えた。

❹おそらく、深見東州の本を買うことが当初からの目的だったと想像する。このまとめ買いをしてくれたお客様を想像するときに、軸になるのはこの本だろう。

❶ 実際にあったまとめ買い。

❷「チョイスピ」棚からのお客様
＝熱心な読者が多い。

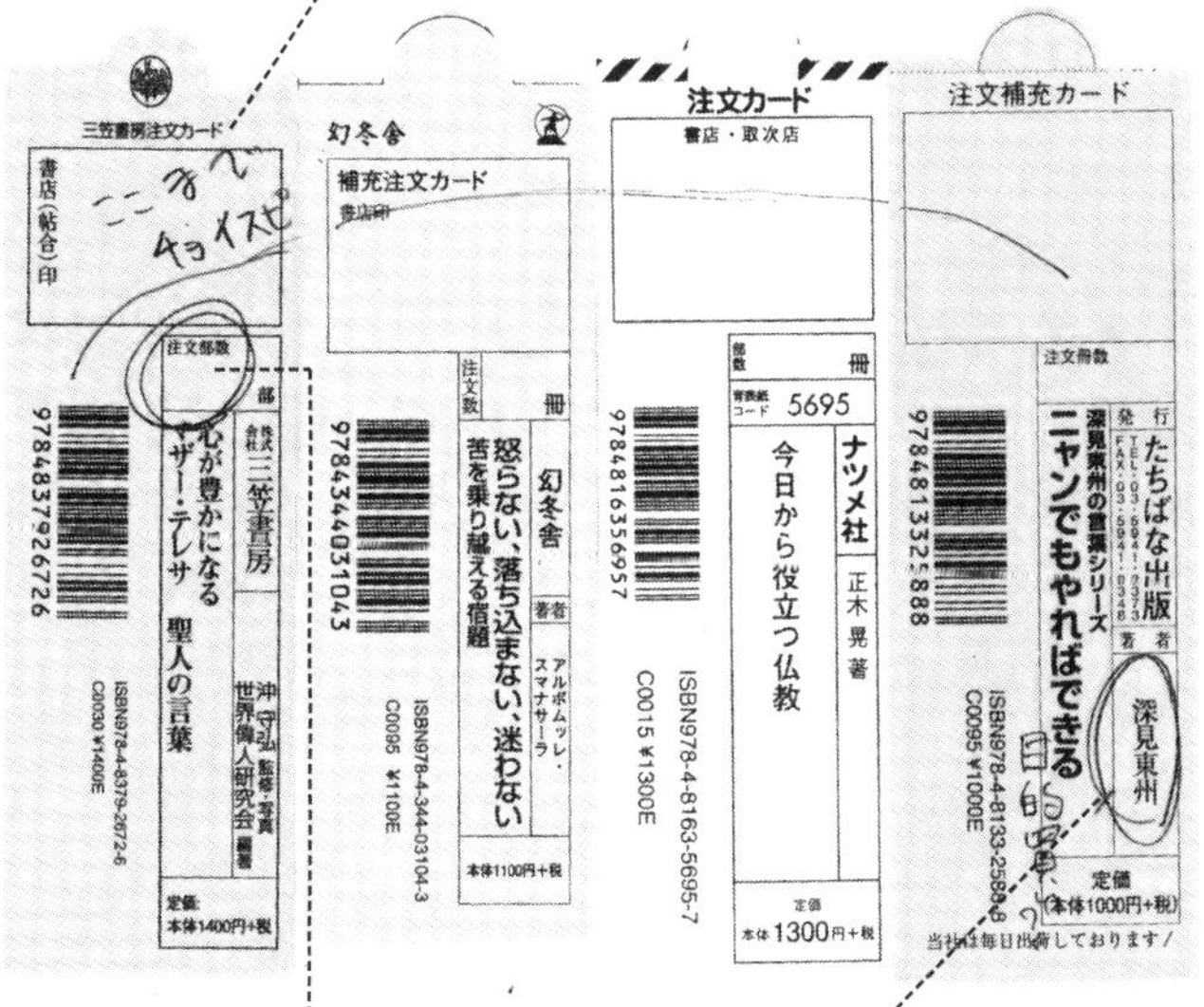

❸ ちょっと多めに追加
しておこうと考えた。

❹ 深見東州の本を買うことが
当初からの目的と想像。

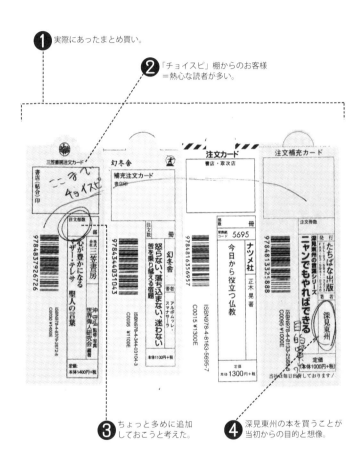

D03 骨太リベラルさん

❶『バーニー・サンダース自伝』は、店舗入口近くのメイン平積み・面陳コーナーで、『民主主義を直感するために』（國分功一郎、晶文社）や『ヨーロッパ・コーリング―地べたからのポリティカル・レポート』（ブレイディみかこ、岩波書店）と並べて積んでいた。こういったラインナップの売れ方から、リベラルな社会・政治意識を持った若いお客様が来てくれていると考えていた。

しかしこのお客様は棚から『戦う石橋湛山《たんざん》』を見つけて買ってくれた。石橋湛山は、戦前は政府の主戦論を批判するジャーナリストで、戦後は総理大臣として社会保障や福祉に注力した。この評伝の著者、半藤一利は昭和史といえばこの人といえるノンフィクション作家の大御所。どんなお客様が買ったのかはわからないが、現代の政局や社会の論調だけでなく近代史を振り返る視点に「骨太リベラル」と感じてメモした。

人文・社会の売れ筋新刊を追って品揃えをしていると、平積みに並ぶ著者がいつも同じような顔ぶればかりになってしまう。右派は櫻井よしこかケント・ギルバート、故・渡部昇一で、左派は内田樹《たつる》か高橋源一郎、少し前ならSEALDsといった面々だ。もちろん売れるものはすべて置くのだが、どちらの論調にも乗れないお客様のことも想像しておきたい。

❷この後、『石橋湛山評論集』（岩波文庫）と、石橋と同時代のジャーナリスト清沢洌《きよさわきよし》の『清沢洌評論集』（岩波文庫）を各3冊、バーニー・サンダースの隣に積んだところ、初めの1週間でそれぞれ2冊売れた。

❶同じお客様が２冊あわせて買ったもの。

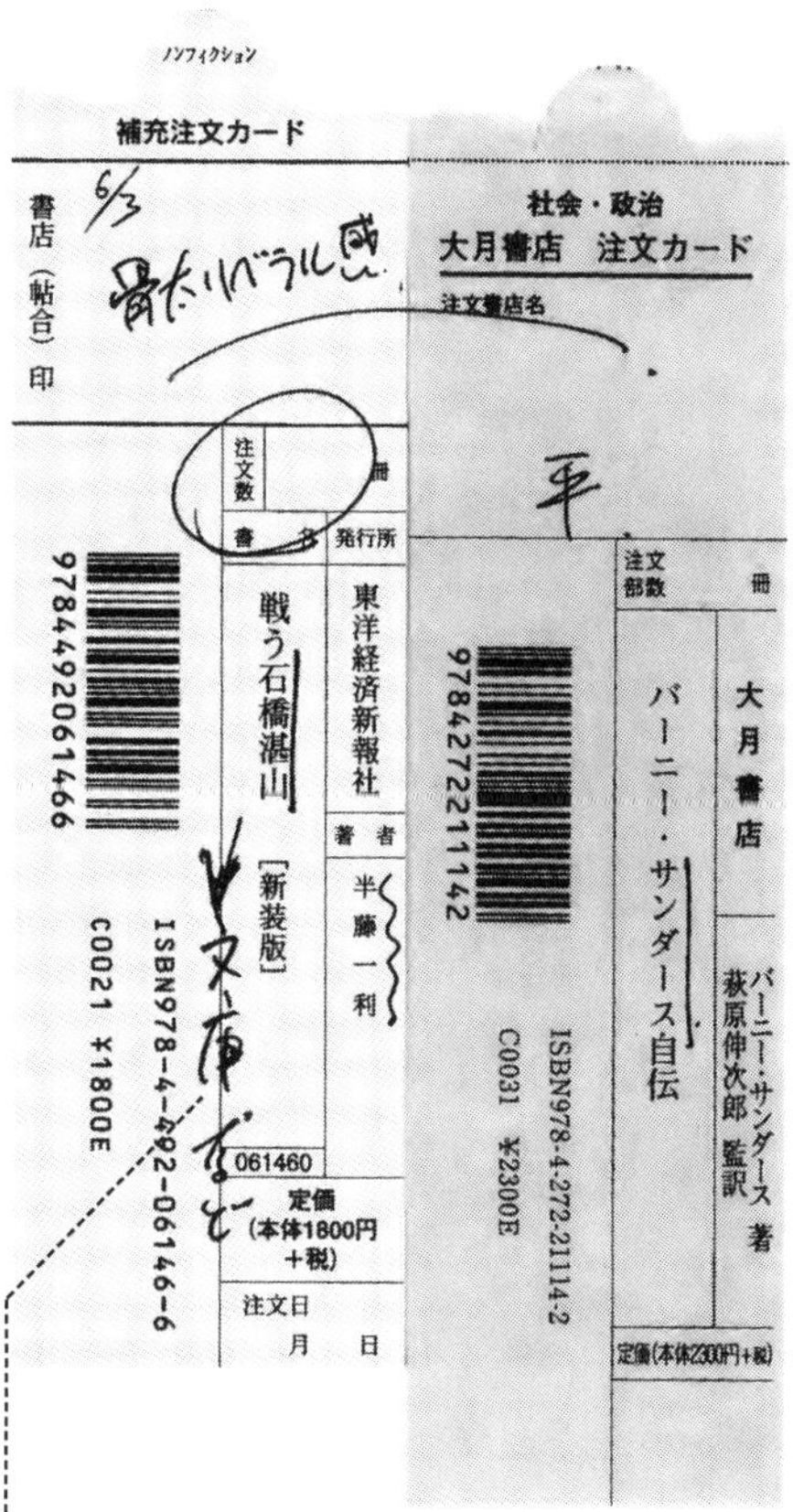
ノンフィクション
補充注文カード
書店（帖合）印
6/3
骨太リベラル感
注文数 冊
書名
発行所
戦う石橋湛山［新装版］
東洋経済新報社
著者
半藤一利
9784492061466
ISBN978-4-492-06146-6
C0021 ¥1800E
061460
定価（本体1800円＋税）
注文日 月 日
文庫など

社会・政治
大月書店 注文カード
注文書店名
注文部数 冊
バーニー・サンダース自伝
大月書店
バーニー・サンダース 著
萩原伸次郎 監訳
9784272211142
ISBN978-4-272-21114-2
C0031 ¥2300E
定価（本体2300円＋税）

❷まず、手に取りやすい文庫を積んでみようと考えた。

D04 ロマンスお姉さま

❶この3冊をまとめて買ってくださったのは中高年の女性だと想像しているが、近隣にお住まいの女性かもしれない。ビジネスマンが多く、そちらにばかり注力しがちなこの店では、近所の主婦や子どものお客様の買える品揃えにも気を配ったほうが良さそうだ。

❷ハーレクイン文庫に代表される翻訳ロマンス小説の新刊は、出版社のハーパーコリンズ・ジャパンから借りた専用什器に各社相乗りするかたちで陳列している。手狭に感じる文庫平台の上で取捨選択に悩まずに、「この類」のロマンス小説の新刊を捌《さば》いてしまいたいからだ。たしかに、毎月のように買ってくれる固定ファンへの対応という面では、それでもいい。しかしそのお客様たちを、特定のロマンス系レーベルのファンという人物像ではなく、「ロマンティックでスピリチュアルな愛の世界を心の栄養として求めている普通のお姉さま（実際の年齢・性別は問わない）」と幅を広げてとらえると、その人たちが習慣的に立ち寄れる平台を整備する必要があるように思える。

❸『ツインソウル完全版』は、脳出血を起こし臨死体験から生還した大学教授がスピリチュアルな世界とのつながりの大切さを説くロングセラー。「精神世界」というと、つい特殊な読者を想定して売場の片隅にコーナー作りをして事足れり——としてしまう自分を反省してスリップにメモ。特にハード・コアなスピリチュアリズムではなく、この『ツインソウル』くらいのソフト・コアなものを、自分の担当する売場でも積んでおこうと考えた。

❶「客」のマークは、お客様から注文を受けて取り寄せた客注品であることを示し、レジ担当者が書いたもの。

❷「置き場所、専用什器で良いのか」と再考。

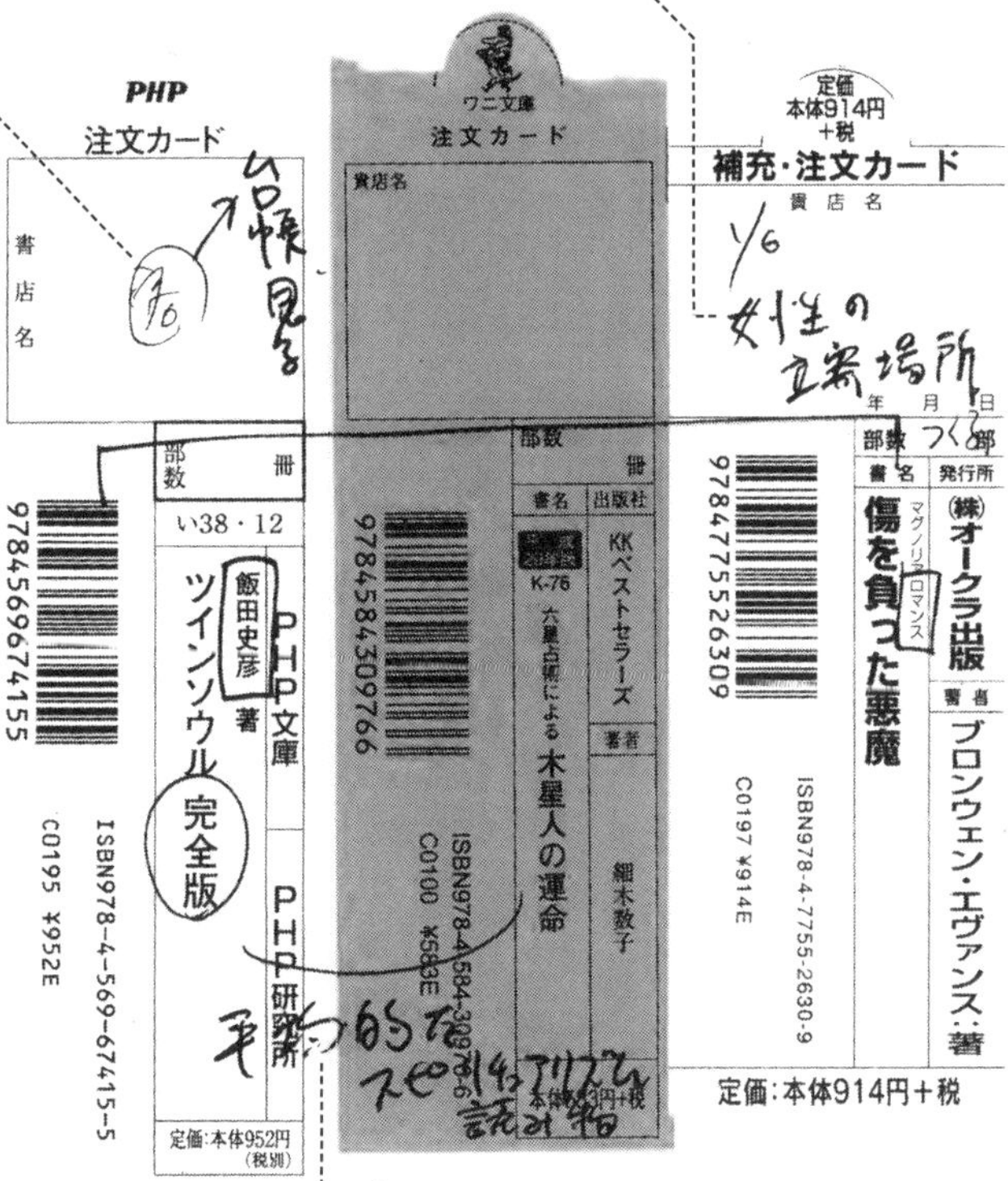

❸「平均的なスピリチュアリズム読み物」と書いた。自分への反省と、その対策へのメモ。

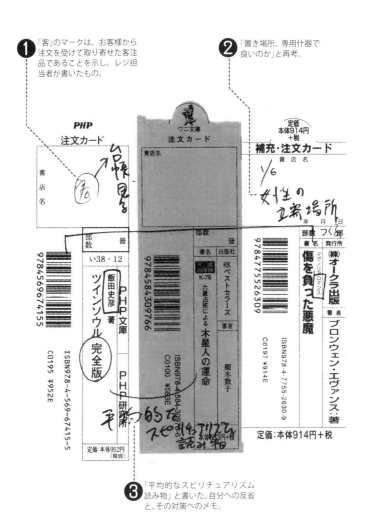

D05 外資系ヤング・リーダー

❶性別や年齢をはっきりと示す買い方ではないが、おそらく働き盛りの年代の男性と想像する。そうであれば、『置かれた場所で咲きなさい』の読者層はかなり広いとあらためて感じる。より多くの客層が重なる、多様な読み方ができる書籍は売れるという事実をあらためて確認する。

この男性は、「不本意な場所に配置された自分をなんとか枯れないように」と頑張っているのだろうか。それにしては「シリコンバレー」や「グローバル時代」などのキーワードに反応していて、視線が上のほうを向いている印象。国際派を目指すビジネスマンは、著者がカトリックのシスターということに興味を持ったのか。彼は部下に「置かれた場所で咲きなさい」と、この本を手渡すのか。そうなると、渡辺和子《わたなべかずこ》を松下幸之助やD・カーネギーとならべて積むこともできなくはない――などさまざまな想像をしてみる。もちろん、夫婦で来店してまとめて購入した、家族に頼まれて購入したなどの場合も考えられるが、まずは自由に想像して楽しみたい。そうすることで、1冊の本に何通りもの売り方を考える練習になる。

この時点では同書の文庫版はまだ発売されておらず、単行本を平積みしていた。メインの島平台で2年以上も積んでいたため、もう充分だろうと考えて文芸書コーナー内のエッセイの棚前に平積みを縮小しつつ引っ越した。安直に「シニア向けエッセイ、女性読者多め」と分類し、佐藤愛子や曽野綾子などを積むあたりに置いた。この判断は書籍を分類するうえでは間違っていないが、『置かれた場所で咲きな

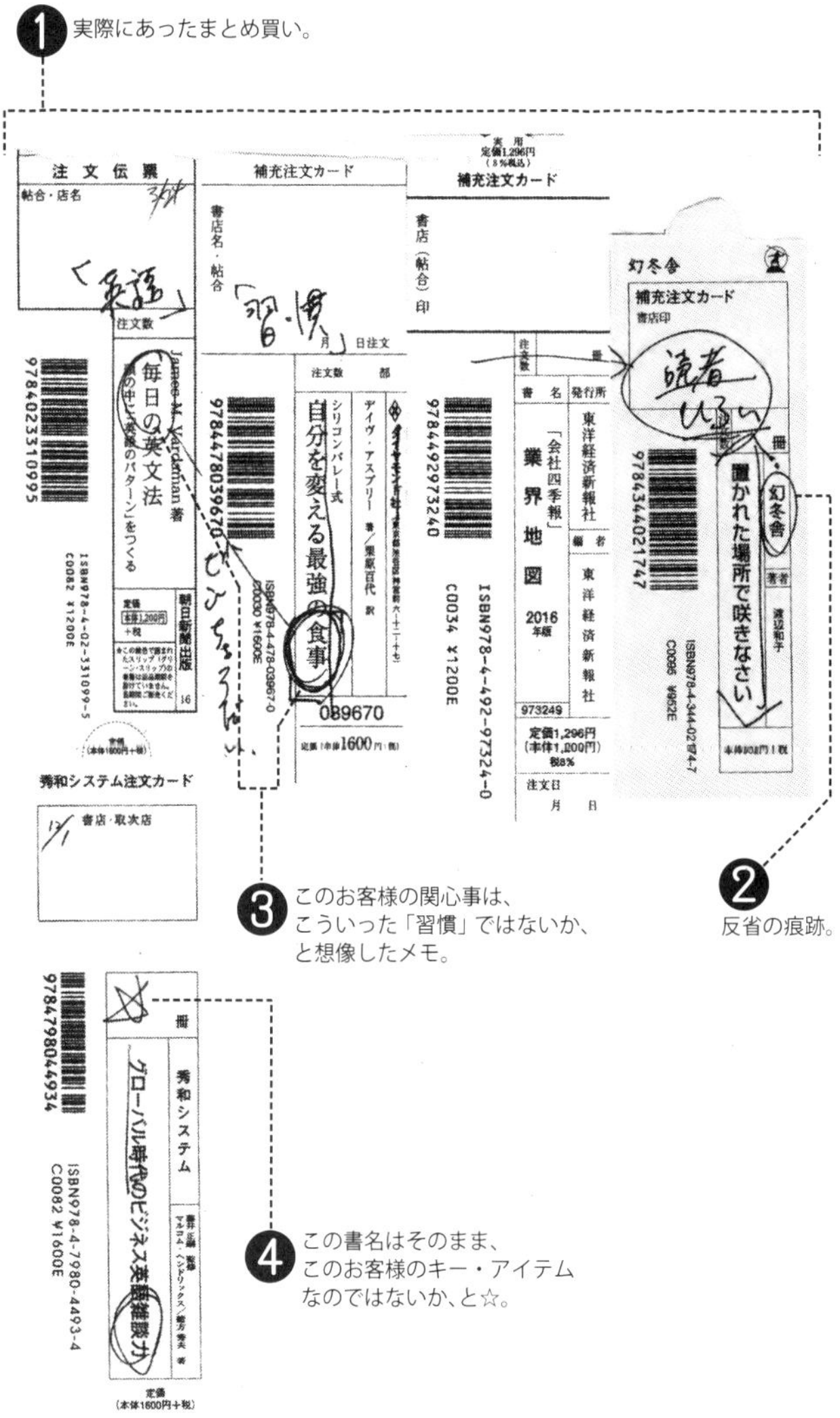
❶ 実際にあったまとめ買い。
注文伝票
補充注文カード
毎日の英文法
自分を変える最強の食事
会社四季報 業界地図 2016年版
東洋経済新報社
幻冬舎
置かれた場所で咲きなさい
秀和システム注文カード
グローバル時代のビジネス英語雑談力
秀和システム
❷ 反省の痕跡。
❸ このお客様の関心事は、
こういった「習慣」ではないか、
と想像したメモ。
❹ この書名はそのまま、
このお客様のキー・アイテム
なのではないか、と☆。

さい』という特異なロングセラーを「売るための置き方」としては、誤りだったことに気づく。

❷また、幻冬舎ならではといえる販売手法にこちらが適応できていなかったことにも気づく。幻冬舎は新聞広告を効果的に使う。彼らが売ると決めた書籍を広告に何度も大きく打ち出すいっぽうで、広告掲載やテレビ放映などの日程に合わせて増刷し小刻みに書店に送品する。発注する冊数や時期、置き方に書店員の見識が現れる――と気負いがちな僕は、自分の発注数が反映されず小出しにされることが好きではない。そのため、後からちょこちょこと入荷してくる幻冬舎の売れ筋を返品することもあった。しかし、ここは彼らの手法に沿って、入荷してくるものをその都度どう生かすかと考えるべきだったと反省し、痕跡をスリップに残した。

さまざまな媒体に露出するたびに新しく読者を獲得していくのだから、どんどん広がる読者層の裾野に新しく加わった人々には、発売当初に買ってくれたわかりやすい読者像とは異なる人が多く含まれるはず。それなら、幅広い客層が立ち寄るメイン平台からは売れ続ける限り動かさず、あと数ヶ所、「ビジネスマンの人生訓」や、「シスターに学ぶ女性らしい静閑な暮らし」、「ママのための心の支え」といった文脈にも積んでおくとよかったかもしれない。

❸「食事」や「毎日の」英語学習など、継続的に自分を律するための「習慣」作りが、このお客様の大きな関心事だろう――というメモ。デキる男の「習慣」という路線で積むべきものを探せ、という自分宛のメッセージでもある。『自分を変える習慣力』（三浦将《しょうま》、クロスメディア・パブリッシング）は、ズバリその路線の真ん中を捉《とら》えてヒットしたのだろうと連想する。「習慣」に紐《ひも》づくテーマとして、「睡眠」、「早起き」、「瞑想」、「日記」なども思い浮かぶ。それぞれのキーワードをもとに既刊を掘り出し、過去に売れ

た実績、取次倉庫の在庫数、著者の知名度、表紙の印象、現物を手にし中身を確かめることができるなら内容の良し悪しとった基準でふるいにかけ、期待できるものを仕入れる。単品ごとの性質を判断し、1点で目立つ仕掛け販売向きか、棚前平積みで他の書籍と組み合わせて売るかを検討する。さらに、日販、トーハンの書誌検索データベースで現在の在庫数を表示してみる（第4章参照）。刊行から年月の経過した既刊を取次が比較的多く在庫している場合、一般的に売れ続けているロングセラーだろうと推測できる。必ずしもそうではない場合もあるが、検索結果一覧のなかから手早く目星をつける際には、この在庫数が便利な目印になる。

『毎日の英文法』は、スリップに記された日付以降、語学書の棚挿しで眠っていたことがわかる。この買い方から考えると、ビジネス書の平積みで試してみると良さそう。現物が再入荷した際に奥付を確認して、もし増刷回数も多いようなら、さらに追加してビジネス書のエンド平台に格上げしてもいいかもしれない。

❹このスリップから想像する男性を心のなかで「外資系ヤング・リーダー」と名づけた場合、『グローバル時代のビジネス英語雑談力』が重要なキー・アイテムに思え、☆印をつけた。外国人の仕事相手たちとざっくばらんな「雑談」をする日常に憧れるにしろ、実際にそうする必要に迫られているにせよ、店に来ている他の「外資系ヤング・リーダー」たちにとっても目を引く書籍だろうし数冊は売れるだろう。それ以上の冊数を稼げるかどうかは、書籍の実用性がどれほど評価されるか、想定している読者が実際には何人ほどか、やってみなければわからない。棚挿しで売れたものだが、まずは3冊追加発注してビジネス書の平積みにする。

D06 棚のお客様のために

❶たとえ自分が文庫担当者ではなく、新刊ラインナップや既刊で平積みになっているものを把握していなくても、スリップから以下のようなことをおおよそ理解することができる。

左の2点は、挿した日付が書かれておらずボウズに刊行年月が印刷されていることから、今月の新刊とわかる。担当者の陳列方法が気になり文庫売場へ見に行く。棚1本ぶんに各社の当月新刊を集めて面陳や挿しで取り揃えた「新刊コーナー」に、他の新刊と並んで面陳になっていた。見た目のメリハリがないと感じる。もちろん、その時々の新刊が一覧できる棚は、あったほうがお客様にも担当者にも便利には違いない。しかし、通りがかりにうっかり買いたくなるような勢いを表現できていない。

オフィス街にあるこの店で人文社会とビジネスを担当している店長の視点から見ると、テーマも著者もこの店の主要な客層に合っているのだから、追加発注して文庫のエンド平台に積むべきだと考える。もうすぐ次月の新刊が出る時期だが、引き続き手を尽くして売り伸ばすべき。

❷このお客様は新刊コーナーをチェックしたあとに、高杉良をもっと読みたいと思い棚も見に行ってくれたとわかる。

この例に限らず、文庫の棚をお客様に見てもらえているかどうかは、さまざまな方法で観察しておく。多くの店で、文庫の棚挿しは売れない。揃えている在庫量に比べて売れていく効率が悪い。そうはいっても、すべての棚挿しを面陳にして華やかにしておくことは物理的にできない。そこで、棚挿しを出版

❶ 文春文庫3点まとめ買い。

❷ 日付から前年の8月に棚に挿したものだとわかる。

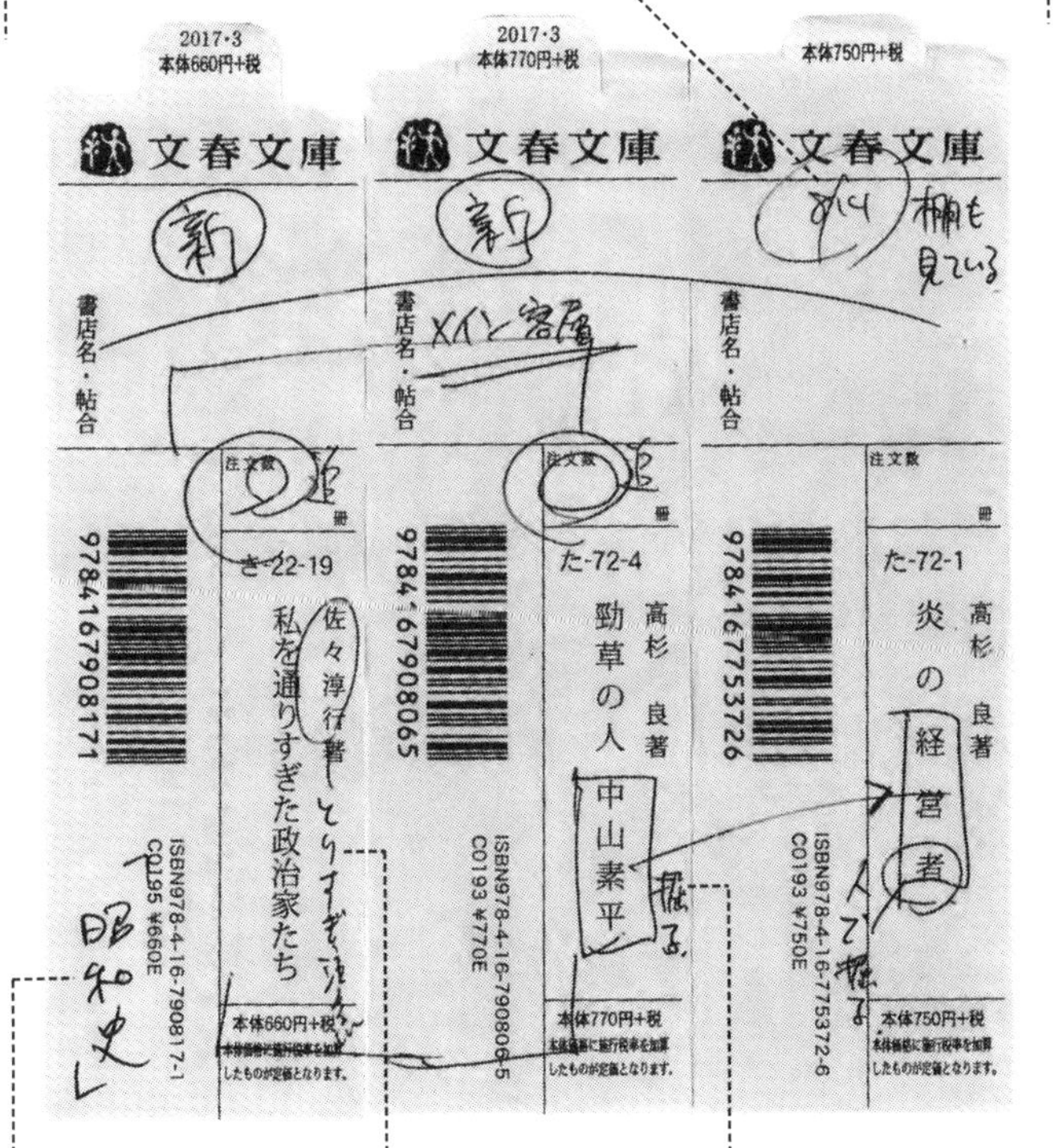

❸ 「昭和史」とメモしたのはなぜか。

❹ 「とりすぎ注意」メモの意味。

❺ 後で調べるためのメモ。

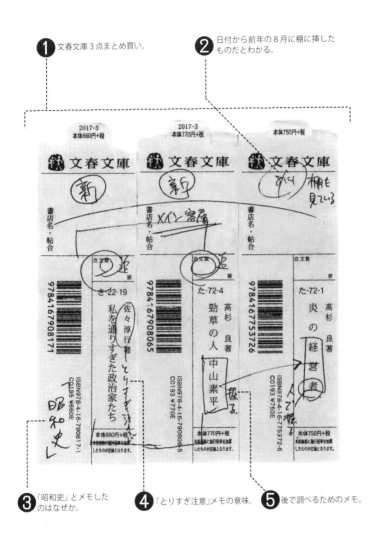

社に関わらず混ぜ合わせて五十音順にして売れ筋作家の既刊を揃え直す、逆に出版社別にまとめた棚作りのなかで面陳の比率を増やして各社の持つ特色ロングセラーを目立たせるなど、棚をじょうずに使うさまざまな工夫を店ごとにしているはず。

前者は、お客様がお気に入りの作家を「指名買い」したいときに、いくつもの出版社から出た既刊を1ヶ所で手にする事ができるが、目当ての作家もなく何か興味を惹《ひ》くものはないかと棚を眺めているお客様にとっては、背表紙のデザインがバラバラで見づらい。棚の内容から考えても、小説と理系ノンフィクション、経営者の自伝など、あれこれ混在してしまい、ごちゃごちゃとしてしまう。お客様に棚をじっくり見てもらうためには、作家棚を補完するテーマ別棚や出版社別棚を併設して、五十音順棚に何を収め、何を収めないかをよく検討する必要がある。また、多くの作家や人気作家の多くの既刊を「揃《そろ》えること」を目指しすぎてしまい、限られた棚容量のなかで冷静に適切な販売効率や出版社ごとの占有率を見極めることが難しくなる。

後者は、読みたい作家の既刊が出版社別に点在してしまうことが欠点だが、五十音順棚よりも管理がしやすい。売れて再入荷したものを棚に補充する作業などをアルバイト・スタッフに任せ、フェアの企画や仕掛け売りのパネル製作など、自分にしかできない仕事に注力できる。

作家五十音順棚を採用するかしないかはしばしば議論になるが、それはどちらでもいい。どちらを選択した場合も、その意図に沿ってお客様が棚から買ってくれているかを毎日の売上スリップから推測し、棚挿しに記入した日付から売れていないものを把握して、棚を変えていくことが大切。

❸佐々《さっさ》淳行《あつゆき》は、東大安田講堂事件やよど号ハイジャック事件への対応を指揮した警察官僚で、中曽根

康弘や竹下登の下で内閣安全保障室長を務めた。「昭和史」とメモしたのは、この3点の舞台となる昭和40年代以降の昭和史に関する品揃えを考えたいと思ったから。仕事を引退して朝から書店にきてくれている団塊おじさまにとって人生を振り返るような品揃えにできないか。ビジネス書コーナーでまとめ買いしてくれる団塊ジュニア世代のお客様や、人文社会の棚で売れ筋の「格差論」で不遇な世代として描かれるロスジェネ世代は、親たちが過ごした時代を大人になった自分の視点から再発見するかもしれない。

❹「佐々淳行、とりすぎ注意」とメモ。著作の内容云々を評価しているのではなく、発注冊数が多くなりすぎないようにと文庫担当者に注意を促《うなが》している。この著者のように著作が多い場合、文庫の親本や他の既刊の販売数をすべて見れば、平均して何冊くらい売れた、最大でも何冊売れたという自店の実績がわかる。ひとまず著者の既刊のなかで売上がよかった文庫の売上冊数を目標にして、不足分を発注すればいい。売れ行きがよければ、再度追加する。

❺中山素平《そへい》とは誰だろうと気になり、後で調べるよう印《しるし》をつけた。田中角栄や中曽根康弘といった昭和の宰相たちと渡り合った銀行家と知り(佐々淳行と合わせて買われることは自然だ)、僕も一読者として興味を惹《ひ》かれた。そしてふと気がついたのだが、自店の文庫売場のビジネス・コーナーには「財務諸表が読める」や「東大卒弁護士のディベート術」といったスキル本はあるが、経営者や財界人の人となりがわかるような評伝や経済ノンフィクション、小説がない。スキル本だけでなく、リアルなエピソードを併売したほうが、この売上スリップから想像するようなビジネスマンにとても興味を惹かれる売場になり、買う可能性が高まるはず。

D07 ワーキング・カップル

❶これは、東京都文京区小石川にあったあゆみBOOKS小石川店で僕が店長をしていた当時のスリップ。3冊とも、行動経済学的な手法で幼児教育を扱うというテーマが共通している。それぞれ内容の密度も高く、手早く読み通せるとはいえないものを一度にまとめて買うということに、ただごとではない印象を受ける。たしかに学習参考書や特定の病気に関する本など、効果や実用性を切実に期待するようなジャンルの書籍は、一度にまとめて数冊買う人が多いが、「我が子の教育について経済学に正解を問いたい!」と考えて、ただちに3冊も買うことがあるのだろうか。もしそうなら、「文京区の教育環境に期待して転入してきたマンション住民の方々」を想定した品揃えを考えたい。業務や研究の資料として購入しただけかもしれないが、どのようなお客様が買ったにせよ、経済学や統計学、脳科学といったビジネス・パーソンが求める「教養」のトレンドを感じる。科学的エビデンスを示して、教育や結婚、恋愛など、これまで主観的な思想の問題とされてきたものを切り分けていくような新刊には、今後も注意しようと考える。

❷『マシュマロ・テスト』は副題に「成功する子・しない子」とあり、『成功する子 失敗する子——何が「その後の人生」を決めるのか』(ポール・タフ、高山真由美訳、英治出版)が新刊で出たときに売れたことを思い出した。また平積みにしようと考え、メモ。

❸「文京ワーキング・カップル」が多く来店していると想定するなら、ビジネス書棚の構成を「生き方」、

❶ 実際にあったまとめ買い。

❷ 本を手にして、スリップに書かれていない副題を見て、そこから連想したことをメモ。

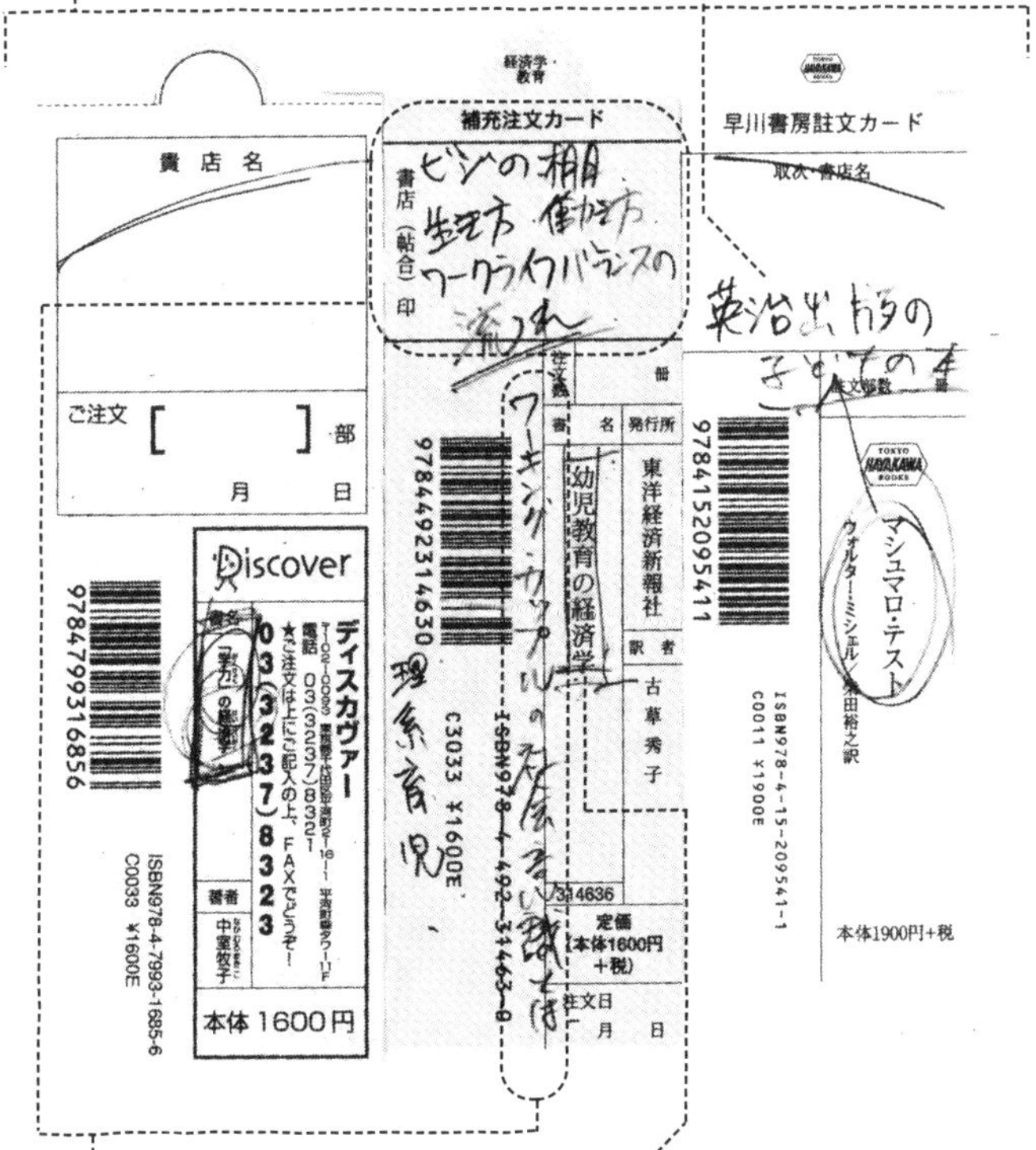

❸ ビジネス書の棚の流れを整理しなおす必要があると考えてのメモ。

（※スリップには著者名が記されていないが、ジェームズ・J・ヘックマン著）

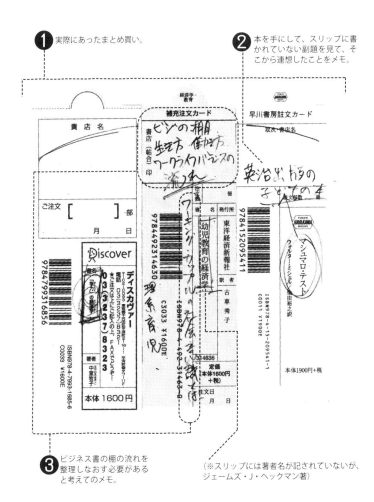

「働き方」、「ワークライフバランス」と明確に整理しなおす必要があると考え、メモしている。実際のところ、以前から『2人が「最高のチーム」になる──ワーキングカップルの人生戦略』(小室淑恵《よしえ》、駒崎弘樹、英治出版)がロングセラーだったことから、この街のカップル客層についてはおおよそ理解していた。

ではそのワーキングカップルは身の回りのどんなことに関心を持っているのか気になり、「ワーキング・カップルの社会意識とは」とスリップにメモしている。たとえば、文京区の新築マンションを6500万円で買い転入してきた(らしい)共働き夫婦は、コスモポリタン的ライフスタイルを楽しんでいて土着性なんてないと思わせておいて、この間は『東京「スリバチ」地形散歩 凹凸を楽しむ』(皆川典久、洋泉社)を買ってくれたようだ。案外、この界隈に愛着を感じ始めていて『目で見る文京区の100年』(郷土出版社)を1万円近く払って買ってくれるのではないかとか、そういった関心だ。

D08 おばあちゃんに

1 函入りで高価なこの本を、育児に追われる若いパパ、ママはなかなか買わないよな、きっとおばあちゃんあたりがプレゼントで買うのだという、順当な想像。
そこから、他のおばあちゃんにも『育育児典』を買ってもらえる工夫や、児童書や育児書コーナーでプレゼントとしていろんな書籍を買ってもらえる品揃えを考える。

定価(税5%)
3990円
補充注文カード
書店(帖合)印
おばあちゃんに買ってもらうには
注文日 月 日
注文数 冊
単
育育児典
岩波書店
毛利子来、山田真
9784000098779
ISBN978-4-00-009877-9
C2077 ¥3800E
定価(本体3800円+税)
009877

第4章 応用

POSとの連携

――スリップに書き込むメモは仮説であり、ときに妄想でもあります。その頭を冷やすブレーキがPOSのデータです。ただ、ブレーキだけでは売上も僕自身のやる気も徐々に減速してしまいます。スリップを見て「次はこんな品揃えならお客様も喜んでお財布を開いてくれるんじゃないか」と期待感を高め、アクセルを踏み、本を実際に仕入れることで、売場を新陳代謝させ、売上を伸ばしていくことができます。

POSは「なぜ」便利なのか

ここまでスリップを中心にして品揃えを考えてきました。スリップは、1冊の本、それを買った1人のお客様という具体的な事実を糸口にして、書店員が品揃えを作りあげていくための重要な道具です。しかし、それだけで品揃えができるわけではありません。売上スリップの束は、ある1日の売れ方を摑むのには優れた道具です。しかし、1ヶ月、半年といった長い期間に渡ってどんなものが売れたのかといった自店売上の全体像を摑むことや、自店と同じチェーンの他店舗(チェーンに属していない書店の場合は、取次が提供するデータから見る市場全体の趨勢)と比較して品揃えに反映させていくときには、POSデータが便利です。

新刊書店の大多数は取次と取引口座を設けています。取次として大きなシェアを持つ日販(日本出版販売)、トーハン、大阪屋栗田はそれぞれ加盟書店向けに独自の書店管理システムを提供しています。日販はNOCS7、トーハンはTONETS-V、大阪屋栗田はWeb-OPASという名称で、いずれも書誌検索データベースとオンライン発注が一体となったシステムです。そこに各書店やチェーンの在庫管理システムとPOSシステムもつながっています。POSシステムには、大手ナショナル・チェーンのように各社独自のシステムを持っている場合もあれば、MetroLink(メトロコンピュータサービス)のように書店向けに開発されたものを導入している場合もあります。

書店が実際にそれらのシステムをどのように使っているかはさまざまです。書籍の検索・発注からチェーン全店の在庫管理、売上管理までをすべてNOCS7やTONETS-Vでやっている場合もあれば、売上と在庫の管理は独自のシステムで、書籍の検索・発注は取次システムで――と併用している場合もあります。

どういう条件づけで売上データを呼び出せるか、どういう書式で表示されるかといった仕様はシステムによって違います。これから挙げる例では、そういった個別の仕様はどうあれ参照できると思われる基本的なデータを素材にして、書店員の仕事に役立つ使い方を解説していきます。

①書目ごとの売上数を調べる

気になった書目が実際どれくらい売れているのかを調べることは、頻繁にPOSシステムでやる作業です。スリップだけでは正確な売上数はわかりません。書店が日付や数字を記入したスリップを紛失することや、書籍につけたまま販売してしまうことは日常的にあります。より正確なデータの裏づけが欲しいときはPOSを参照すればいいので、スリップの管理に厳密になりすぎる必要はありません。

売場で作業中に売上数の確認が必要だと感じた書籍は、目印にスリップを少し引き出して、平台の後列の隅か、背の低い棚なら最上段の天板の上、ブックトラックを売場まで持ち出しているならその上など、自分の手の届く範囲で、お客様が棚や平台を見るときにできるだけ邪魔にならない場所に積んでおきます。先に判断のつく品出し作業から片づけ、見た目の乱雑さを減らしてからPOS端末のところへスリップを持って行きます。

ＰＯＳデータをダウンロードしてあるハンディ・ターミナルを携帯しておけば、その場で自店での売上数と取次の集計した全国ランキングを参照できる――と思われるかもしれません。しかし、本当に必要なデータはその2つだけではありません。

バックヤードやレジのＰＯＳ端末で1点ずつデータを確認していきます。気になった書目の売上数を調べようというときに担当者が考えているのは「もっと追加したら売れるのではないか」という期待か、「返品しても売上のチャンスを失わないか」という心配です。そのときいちばん注目すべきことは、累計の売上数ではなく、販売の経過です。直近で売れた日付はいつなのか、過去2週間で何冊売れたのか、その前の2週間はどうだったのか。初回に何冊仕入れ、途中で追加発注や返品の判断をどのようにしたのか。そのプロセスを知ることが重要だからです。

とくに、長く積み続けている既刊や、過去に売れていたものを久しぶりに平積みにして再挑戦してみたものなどは、その効果が正しく出ているのかを直近の1ヶ月程度の動きから判断する必要があります。平台で売られている新刊の多くは、発売2～4週間ほどの売れ方がその後の扱い方の判断材料になっているでしょう。それと同じくらいの時間的尺度を当ててみたうえで、売れ方は鈍くても辛抱して積み続けるのか、5冊のうち4冊を返品して1冊だけ棚挿しにするのか、周囲の新刊と遜色なく売れていてむしろ大きな仕掛け販売に格上げするのか――といった選択肢を具体的に挙げて考えます。

また、経過を遡《さかのぼ》ることで、過去の自分が追加発注したこと、返品して在庫を半分に減らした判断が適当だったのか、そのときに意図していたこととその後の陳列方法は整合性があったのかどうか――を考えます。いま手に持っている書籍の売れ数を新刊平台のＰＯＳデータと見比べたとき、期待以上に売れているとも売れていないとも言えない煮え切らない売上数を示していて、今後の扱いに迷っているとします。過去に追加分が入荷したとき、その在庫量に見合った良い陳列場所に格上げしなかったことや、追加した意気込みが伝わるコメントをＰＯＰカードに書かなかったことが原因かもしれません。もしかすると、過去に売れ方が鈍ってきたわりに在庫が多すぎると感じて半分に減らしたその時点で、実はもう見切りをつけて次の売れ筋を探したほうがよかったのかもしれません。

このように、累計売上数という数値だけではなく、過去にどんな判断をしたのか、そのあと売れ方がどう推移したかを確認し、ではこれからどうやって改善しようかと時間を尺度に試行錯誤することで、ようやくＰＯＳデータを活かして、売上を生む品揃えを実現することができます。

また、自店のデータを表示させたときには、同チェーン他店のデータや、取次と出版社の在庫状況も併せて見ておく習慣が重要です。あるビジネス書の新刊が3冊配本で入荷して、2週間経過したところで1冊売れたのみ。自店の客層にはあまり合っていないように思われ、早々に返品しようかと考えている――そういう場合には、念のために他店のデータを参照しておきます。チェーンのどの店でも売れていないなか、ビジネス街にある店だけは7冊売れているのなら、その結果を信じて平積みを続けるべきかもしれません。「自店にこの客層はいない」という自分の思い込みが売れる可能性を狭めているかもしれない――と日常的に繰り返し問い直すことが重要です。

半年前に自分で発掘し、ＰＯＰも書いて積んでいる既刊が安定して売れ続けている。とはいえ、初月は3冊、翌月は2冊、その後は月に1冊程度のちょぼちょぼとした売れ方で、充分なペースとはいえないからそろそろ返品しようかと迷っている。そこでチェーン他店のデータを参照したところ、他店はどこもその書籍を積んでいないし、過去にも売れていないという状況はよくあります。その場合、他店に倣《なら》う必要はありません。売れる可能性に自分以外の誰も気づいていないだけです。そういうときこそ、自分がなぜその本が良いと感じ、「お客様も買いそうだ」と気づき得たのかを言葉にして、手帳か白紙スリップのメモ用紙に書き留めておきます。そのキーワードが、日頃の売上スリップを読み解くことやウェブの書誌情報を渉猟するヒントになります。自店だけが独走している売れ筋を見つけたら、徹底して売り伸ばしておくべきです。何より、はっきりと仕事の手応えを感じられて嬉しいはずです。また、SNSを使って店の存在感をアピールするときにも、とても良い材料になります。たとえ売れ行きが鈍ってきても、「なぜかこの店だけで売れています!」という惹句を書き足すだけで売れ行きが盛り返すきっかけになりえます。

どの店にも目立った売れ方が見られなくても、取次の在庫や客注専用在庫の残数が多いと感じることがあります。もちろん、たまたまその数になっているだけかもしれません。出版社によって在庫される、されないの違いもあります。しかし、習慣的に自店や市場での売れ行きと取次在庫を比較して見ていると、おおよその推測ができるようになってきます。刊行から間もない新刊を返品しようとしているときに取次在庫が潤沢にあるのを見つけたとします。そこで「初版部数が多くて市場全体で在庫がダブついているのかな」と考えるか、「万全の供給体制で売り伸ばす構えなのに、自社の担当者は誰ひとりとして気づかず、自分は返品しようとしている」と考えるか、さまざまな推測がありえます。その推測に対して「それでも自店では見切りをつける」とか、「あえて追加発注して派手に陳列してみる」など、具体的な判断を積み重ね実際にやってみることが大切です。判断が的中して売り伸ばせた場合も、判断を誤って悔しい思いをした場合も、忘れないようにスリップをちぎって胸ポケットに入れ、あとで自分のデスクの引き出しに貯めておきます。

②毎日の新刊を漏らさずチェックする

NOCS7やTONETS-Vなどの取次の書店向けシステムでは、毎日の新刊（1日平均で約280点）を一覧表示することができます。そこには取次の新刊用物流ラインに登録されている書籍と自店への入荷予定数が（0冊の場合も含めて）記載されています。年間8万点ほど刊行される新刊書籍のかなりの部分をこのリストで把握できるはずです。取次を経ずに取引する出版社の新刊については別途に情報を集めるようにしておけば、大部分はこの新刊リストで漏らさずチェックできるはずです。

毎日このリストに目を通すことを習慣にすることが重要です。逆に言うと、このリスト以外の断片的な新刊情報をあれもこれも収集する重要性は低いかもしれません。もちろん事前に知っていて役立つ情報はあちこちにありますが、毎日の就業時間内で現実的にこなせる範囲で新刊の情報を収集するとしたら、この新刊リストを見るだけで充分かと思います。

リストは2営業日ほど先のものまで見ることができ、自店に入荷するもの、しないものを事前に把握しておくことができます。入荷するものについては、現物を手にしてから考えればよしとして流し見する程度ですが、入荷しないものこそ気をつけてチェックします。

新刊リストはウェブ・ブラウザー上に表示されていて、書名をクリックすれば書誌情報の詳細ページに飛びます。そこにある著者名や出版社名をクリックすれば、既刊一覧を表示させることができます。

店に入荷しない新刊は、この書誌情報を1点ごとに見て発注するべきかを検討します。まずその書籍がどのくらい専門性が高そうなのか、一般性がありそうなのかを検討します。たとえば心屋仁之助《こころやじんのすけ》の『50歳から人生を大逆転』(PHP研究所)なら、全国どこの書店でも誰かが買ってくれると予想できる一般性があります。この本の配本数が0冊だったら、「急いで発注して平積みしなきゃ!」と判断する書店員が多いのではないでしょうか。反対に『比較内分泌学入門 序』(和田勝《まさる》、裳華房《しょうかぼう》)は、書名を見ただけでも専門的な内容だと想像できます。客注でもないかぎり、店頭用にこれを発注する書店は少なそうです。

ではメディカルトリビューンの『ヒトはなぜ太るのか?』(ゲーリー・トーベス、太田喜義《よしのり》訳)ならどうでしょうか。２０１３年の刊行時にこの本を新刊リストで見つけたとき、僕は発注を迷いました。メディカルトリビューンは医学新聞社で、書籍単行本も出版していますが、そのほとんどは専門的な医学書です。自店では発注したことのない出版社でした。しかしこの『ヒトはなぜ太るのか?』は、医療専門家だけが読む本ではなさそうだと書誌情報から推測できました。まず出版社が意図的に平易な書名をつけていると感じました。次に書影を見るとハヤカワ文庫の海外ミステリー小説のような洒落たイラストでした。詳細ページの内容紹介を読むと、《カロリーの過剰摂取により太り、運動によるカロリー消費により痩せる。あたりまえだと思われているこの「カロリー神話」をいつから人々は信じるようになったのか?》と書かれていました。常識が誤りだといわれれば、多くの一般読者が「え? そうなの?」と興味を持ちそうです。実際に書籍の本文を読む前の段階ですが、この3つの情報から売れそうだと判断して、とりあえず1冊注文してメイン平台に面陳しました。その1冊が売れ、追加発注して販売継続し、4冊売れたと記憶しています。

このように、1冊ごとにその書籍が少数の専門家向けなのか、そうではない一般のお客様も買う可能性があるのかを検討します。趣味や生活実用などのジャンルのなかでも、より少数の読者を想定した専門的でマニアックな内容なのか、そうではないのかを検討します。

とはいえ、専門的か一般的かと簡単に判断できるものでもありませんし、専門的であっても自店で売れる可能性を持った書籍はあります。『猟銃等講習会(初心者講習)考査絶対合格テキスト&予想模擬試験』(猟銃等講習会(初心者講習)考査研究会、秀和システム)が刊行されたとき、東京の真ん中にあるあゆみBOOKS小石川店ではまず売れないだろうと思いましたが、ふと「これまでに猟銃の試験対策書籍なんてあっただろうか」と気になり調べたところ、ありませんでした。類書がないとなると興味本位で取り扱ってみたくなりますが、売れる見込みもないのに趣味で注文するわけにはいきません(正直、たまにはあります が)。そのとき、狩猟漫画の『山賊ダイアリー』(岡本健太郎、講談社)と北尾トロのエッセイ『猟師になりたい!』(信濃毎日新聞社)を一緒に買ったお客様がいたことを思い出し、1冊注文して趣味実用コーナーで面陳にしてみました。同じお客様が買ったのかはわかりませんが、なんとかこの1冊は売れました。

このように、ひとまず「うちのお客様なら、誰かひとりは手に取るかもしれない」と想像できたものは、1冊は仕入れて面陳にします。その「うちのお客様」というのは、売上スリップから想像した人物像や、売場で実際に見かけた人からイメージしたものです。

書誌情報からだけではどんな書籍なのか、どんな著者なのか、誰が買いそうなのかがわからない新刊もよくあります。その際には、著者名から既刊一覧を見て、どんなものを書いてきたのかを調べます。

各書籍の横に表示された取次の在庫数、出版社の在庫状況、客注専用在庫の数なども参考にします。この既刊一覧のなかに取次が在庫しているものがあるなら、その書籍は現在でも多くの書店から発注があり、取次も売れていると判断して手元に準備していると推測できます。たとえ知らない著者でも、それは自分が不勉強だっただけで、一般的には売れている著者なのだと教えられることは、僕もたびたびあります。

この既刊一覧のなかに、新刊リストで気になった書籍とよく似た書名やテーマのものを見つけ、その在庫状況を見ると出版社も取次も在庫しているということもあります。著者が同じで出版社まで同じなら、その既刊が今でもロングセラーのシリーズ第1弾で、新刊はその続編にあたるのかもしれません。過去に大ヒット作があり、それ以降、同じテーマで異なる出版社から何冊もよく似た書籍が出版されている――という著者もよく見受けられます。類似した既刊のなかでも目立って取次の在庫数が大きいものがあれば、それが特に売れていると推測できます。それを併売すれば今回の新刊よりも売れるかもしれません。

新刊がきっかけとなって、シリーズ第1弾や過去のヒット作が再び売れることはよくあります。新刊配本があって実物を手にしていれば、帯文に既刊が紹介されていて気づくことも多いのですが、配本がない新刊を発注する場合は、そこまで自分の意識が及ばないこともあります。新刊の書誌情報を見るときに、併せて著者の既刊一覧も見ることを習慣にし、新刊と同時に併売すれば売れる――と判断したものは、新刊と同時に発注します。

次に、チェーン店で有効なＰＯＳデータ活用法について解説します（チェーンに属していない独立店など、自店以外の売上データを参照できない書店では活用できない内容となることをお詫びします）。

自店にすでに入荷している新刊がチェーン他店ではどんな初動を見せているかをチェックし、追加発注の参考にします。全店を対象にした売上書目一覧を表示させ、対象の売上日を昨日や一昨日までに遡《さかのぼ》って設定します。対象となる書籍を発売日で絞り込めるなら、こちらも昨日か一昨日までに設定します。それができない場合は、エクセルに売上書目一覧を貼り付けてから刊行年月日順に並べ替え、一昨日より前に刊行された売上書目を一覧から削除します。そうすれば、発売後すぐにどの店でどんな新刊が売れたのかを知ることができます。

チェーン他店それぞれの客層や担当者の得意分野などを踏まえて初回の入荷数や売れ方を見ていくと、つい昨日の自分が判断した追加発注や置き方を修正するべきだと気づくことがあります。日頃、チェーン他店にわざわざ出向いて仕事のやり方や客層の違いなどについて話し合うことはあまりないかもしれませんが、できるなら継続してやるべきです。それができなくても、会議で顔を合わせるときやちょっとした事務連絡の電話の折に、「最近、売れてる?」など、軽く言葉を交わすことが大切です。ちょっとした会話のはしばしに、他店スタッフの性格や仕事のうえで重視していることなどが表れます。とくになんでもない会話でも、同じジャンルを担当している書店員同士通じ合えると感じるだけで救われることもあります。相手の店のＰＯＳデータで見つけた既刊について「あんな本、よく見つけたね。うちでも試したら売れたよ」と伝えれば、もっと売れそうなアイディアを語ってくれるかもしれません。

③他店のジャンル別売上一覧

自社チェーン他店のスタッフは自分と同じ担当ジャンルをどう品揃えしているのか、それはどんな売れ行きなのかを調べます。おもに自分がまだ気づいていなかった売れ筋や、自店よりも目立って多く売っているものをまとめて探しだすための作業です。

文芸、人文、趣味実用、文庫といったジャンル別に他店の売上書目リストを下位まで出力します。システムの仕様によって、狙いを定めた店舗だけを選択できる場合や、チェーン全店が並列で表示される場合があるかと思います。対象期間は1ヶ月、3ヶ月、6ヶ月、対象順位は上位500~800タイトル——と広く設定します。

まず、上位100タイトルあたりまでは、どの店でも同じように売れている新刊がほとんどです。実際には、店によって新刊の売れ方や在庫の持ち方も違い、それも気になる情報ですが、それは毎日の新刊初動チェックで把握しているので、ここでは考えません。

上位の並み居る売れ筋新刊のなかに、意外な既刊が紛《まぎ》れていないかを目で追います。もしあれば印《しるし》をつけておき、あとで詳しく、「新刊と遜色なく売れた理由は何か」「もし自店でも積むなら、出版社や取次の在庫はどうなっているのか」などを確認することにして、ここでは紙に印刷したリストかエクセルのシートに○印をつける程度に留めて、リストの先に進みます。

中位グループには、お店によってさまざまな既刊が登場します。1ヶ月の売上リストならどれも3~

2冊売れのものが並んでいるあたり、よく見ると刊行年の古い既刊をあえて積んでいたり、かなり多めに在庫を持っていたりと、店の特色や担当者の意図が感じられるものを発見できます。これらにも印をつけておきます。

さらに下位へ進むと、2~1冊売れのものばかりになって来ます。このあたりは流し見する程度ですが、同じ1冊売れでも、在庫数表示を見ると3冊平積みにして1冊売れたものと棚の1冊が売れたものの違いがわかります。何を平積みにしているかを数多く眺めることで、他店の客層や各担当者の発注時のテーマや癖のようなものが見えてきます。そういった傾向を踏まえると、翌月以降も他店の売上書目一覧を見るときや、単品の売上データを他店ぶんも含めて確認するときに、より具体的に想像を働かせることができます。たとえば「仙台店の二階堂さんなら人文書の棚前で既刊のロングセラーをいくつもひそかに売っているに違いないから、データで覗き見しよう」とか、「このプログラミング言語の書籍はきっと最新の流行なのだが、自店では売れていない。五反田店の前田さんならどう判断しただろうか」など、参考にすべき要点を絞りやすくなります。

その店が何を平積みにしているかというおぼろげな全体像と、目立って売れている既刊の傾向やその判断を掛け合わせて、そこに担当者の顔を思い浮かべれば、POSデータはかなり具体的な人格を帯びてきます。この考え方は、売上スリップから想像した購入者の視点を借りて品揃えをするのと同じものです。

数百行もある売上書目一覧を見るこのような作業の場合、バックヤードの端末の前に陣取り画面をそのまま眺めることはお勧めしません。エクセルのシートに貼りつけて整理するか、紙に印刷します。そうする理由は、メモや印《しるし》を書き込みやすいからです。狙いを定めた店の全体像を摑むまでは、走り書き適度のメモに留めてどんどんと先に進みたい。気になった書目があるたびに検索していると、いつまでも作業が進みません。

　また、リストから見つけた発注候補は、すべて書き出してみて、平積みにするのか、棚に挿すのかを1点ずつ検討します。いま売場にあり、まだ返品するつもりのない書籍も考慮して陳列の完成図を想像したとき、同じような内容の書籍が同じ平台や棚に重複しすぎたり、仕掛け販売のための目立つ陳列場所を奪い合ったりするような場合は、「すぐに発注する書籍」と「時期を違えて後日するもの」に選りわけます。すぐに発注する書籍も、売上スリップのチェックや売場での品出し作業のなかから発注候補として選び出したものと合わせ、全体の点数や似た書籍の偏りがないかを検討し、先送りできるものを抜き取ってから発注します。見つけた端《はし》から発注サイトでポチポチと入力してしまうと、品数を多く注文しすぎるか、1点あたりの冊数の加減を誤ることになります。

　もうひとつの理由は、長時間にわたって端末の前に居座ることができないからです。POSシステムに接続できる端末は限られていて、同僚と譲り合って使用しているという店が多いはずです。せっかく時間をかけて本部サーバから重いデータを読み出したのに、お客様からの問い合わせを受けて離席した隙に他のスタッフが画面を遷移させてしまってやり直しといった事態もあります。

　また、書店員は端末の前に居座るべきではないともいえます。POSの数字を眺めて仕事をした気に浸《ひた》っているが売場の実情に目をそむけてしまう。誰もがすぐに陥ってしまうことです。朝の雑誌品出しから午後便の新刊書籍まで、丸1日近くかけてようやく品出しした売場をこれ以上いじりたくない。毎日の品出しのたびに取捨選択に頭を悩ますのに、売上の手応えを感じられない平台をもう見たくない。売場を整頓してもすぐに散らかってしまうから、もうあきらめている。どれも、その気持ちはよくわかります。もう夕方から退社時刻まではバックヤードに籠《こも》ろう。そういう気分になります。

しかし、できる限り売場か、レジに立っているべきです。膨大なリストは紙かノートPCに落とし込んで、売場の作業台かレジ・カウンターで目を通します。リストから発見し、発注しようと考えた書籍は、実際の売場やお客様の動きを見ながらのほうが、より具体的に検討できます。また、せっかくデータを見て良い品揃えを想像しているのに、現実の売場が散らかったままというのは理屈に合いません。レジでデータに目を通すことにして、その時間にレジ担当者に店内を整理してもらうほうが、人手を有効に活用できます。また、お客様の質問に即座に答えられる書店員が売場やレジに立っていることは、あたりまえですが、お客様にとって大切なことです。しかし、売場に棚担当者が見当たらない店が多いのが現実です。

余談ですが、僕は売場にいることにうんざりしたときは、バックヤードではなく店の正面入口前の路上でサボります。歩道のガードレールに腰掛けて、人通りを眺めます。行き交う地元の人々の身なりや、誰が入店してくれて誰が一瞥もくれないのか、外から店内を覗くとどんな印象なのか、ボーッとしながら観察します。それがすぐに何かの役に立つわけではありませんが、気分を変えることができます。売上スリップの束から「あんな人、こんな人」と想像を膨らますネタになりそうな人をたくさん見つけることもできます。

POSデータは、どこかの店の担当者が本を積み、それを誰かが買ったという結果を後追いしているものにすぎません。初めて出合った新刊を何冊追加してどこに積むか。ほとんどの書店でもう平積みにはされていない既刊をあえて仕掛けるには、どんな切り口でコメントすればいいのか。ジャンル別の平台ではどこに置くべきか判断しづらいが面白い書籍を、どんな見せ方をすることでお客様の共感を得るか。そういったことをＰＯＳデータの行間から読み解くことは難しいと感じます。読み解くための手がかりは、買った誰か＝お客様を「あんな人、こんな人」と想像できるようにしておくことです。店の外で油を売ることも役に立つかもしれません。

④自店の売上金額やその内容を、時期ごとに比較する

ジャンル別売上金額を月単位で集計し前年同月と比較することは、どの店でもやっていることです。市場全体の傾向と同じく自店でも雑誌の前年同月比が8％ほど落ちた。近隣に競合店が進出し、生活実用書と文芸書が10％落ちた。ベテランの前任者から引き継いで初めて文庫を担当したところ5％落ちた——こういった例のように、前年同月比が下がっている事実からそのおおよその理由を想像することは簡単です。前年比が下がったことを上司から注意されることもよくあります。ただ、とても納得のいかない感覚が残ります。「前年比１００％を目指せ」と指示されても、具体的にどこがどう悪くて、何を改善すれば良いのか、このままではわかりません。

ただ前年同期比を見ていても「どこがどう悪くて、何を改善すれば良いのか」はわからないのです。これから説明するＰＯＳデータの見方を使うことで、競合店の進出や天候不順が原因と片づけていた売

上減少にも担当者の人為的な要因（すなわち「改善の余地」）を発見することができます。

まず、前年の同月に限らず、目標としたい過去の対象期間を決めます。期間は3ヶ月か6ヶ月、時期は前年の同時期か前々年の同時期。つまり、今年の4～6月と昨年の4～6月を比較することもあれば、今年の1～6月と一昨年の6～12月を比較することもあるということです。さまざまな時期と現在を比較する理由は、過去の売上が良かった期間に自分（または前任者）がどんな品揃えを試し、その結果どんな書籍が何冊売れ、その売上額や冊数はジャンル売上全体のなかでどのくらいの構成比を占めていたのかを明らかにして、現在の自分の品揃えに不足している要素を明らかにするためです。そのために、比較するそれぞれの期間の売上金額だけではなく、売れた書目の一覧を出力して、売上の良かった過去の自店ではどんな内容で売上が構成されていたのか、それは現在とどう違うのかを見比べます。

単月ではなく3ヶ月以上の期間で集計する理由は、数ヶ月間にわたって売れ続けた平積み商品を売上書目一覧のなかから探しやすくするためです。たくさんの平積みのなかで、その多くは月に2～3冊の売上で止まり、他の書籍に取り替えられます。1ヶ月を超えて5冊、7冊、10冊と売上を伸ばした書籍を見つけやすいリストを作るために、3ヶ月以上と設定します。3ヶ月あれば、その間に棚から2回売れた書籍もリストの下位のほうに現れる場合があります。棚からその書籍を見つけたお客様が2人もいるということは、平積みにすれば売り伸ばせる可能性があるかもしれません。そんな掘り出し物があるかもと期待しながら、長いリストを最後まで読み通すことができます。

6ヶ月に設定した場合は、上位にはさらに長期間にわたって売れたロングセラーが、下位には棚から2回、3回と売れた書籍が現れます（販売冊数だけを見ても、平積みで3冊売れたのか棚から3回売れたのか、すぐには判別できません。書名と刊行年月日を見比べて、「おや？　この時期の新刊ではないな」と気になったら印《しるし》をつけておき、あとで詳細な売上履歴を調べます）。膨大なリストになるため、日曜日の店番のときや年末年始の休配期間など、まとまった時間の取れるときに見ます。

この比較は、前年だけでなく前々年、前々々年も対象にしてみると、それぞれ発見があります。前年のことならまだ記憶に残っているのですが、前々年のこととなるとすっかり忘れていて、自分のやった仕事なのに新鮮な気持ちで見直すことができます。僕自身がそうでしたが、着任当初は新しい店舗やジャンルにやる気満々で、フェアの企画や既刊の発掘、棚レイアウトの手直しなど、さまざまな工夫をして売上を伸ばしますが、2年目、3年目となるにしたがって、同じ作業の繰り返しになってしまい、自分の手癖のようなものを客観的に見直して改める機会が少なくなります。忘れてしまった謙虚さを取り戻す意味でも、この比較は重要な作業です。さらに前々年になると、もう自分ではなく前任者の時代かもしれません。あくまで僕の個人的な印象ですが、同じ売場を担当した他人の売上データを見るのは、自分のガールフレンドの日記に元カレとの楽しかった出来事が書かれているのをこっそり読むようで、やたらとライバル意識を掻《か》き立てられ、それでいて「彼女の喜ぶポイントはそこか！」と参考になります。

月10冊以上売れるようなエンド台に積むヒット作、3～5冊ほど売れる棚前の平積み、1冊売れる棚挿し、そういったものがそれぞれどのくらいの構成比で売上を作っていたのか。エンド台、棚前平台、棚挿し棚、それぞれの新刊と既刊の内訳はどうなっていたのか。そういった構成が現在とどう違うのかを調べます。

複雑なように聞こえますが、知りたい事実はシンプルです。①担当者が主体的に数多くの既刊を売場に投入していたか。②それが実際に売上にどのくらい貢献していたのか（それとも、新刊のヒット作に恵まれただけなのか）。これだけわかれば充分です。この2つの事実を知ると、過去に売れていた時期に担当者（過去の自分なのか、前任者なのかはわかりませんが）が何をしていたかを具体的に想像することができます。また、エンド平台、棚前平台、挿し棚のどこが今よりも稼いでいたのか、場所ごとに現在と比較することができます。

「昨対プラス10万円」の作り方

では文庫を例にして、具体的にどんなものを何冊くらい売るか考えてみます。ある店の文庫売場は、昨年の月間売上金額が平均１００万円でした。それに対して、今年は月に90万円前後の売上が続いています。どうにかして、毎月10万円の売上を上乗せしたい。文庫の単価を６５０円だとすれば、１５４冊分です。

エンド平台で毎月5冊売れている平積み4面分を退《ど》かして、そこに1タイトル4面積みの仕掛け販売をしたとします。それが１７４冊売れれば、差し引きしても一発で目標をクリアできる勘定になります。しかし、そんな大ヒットは半年にひとつ当てるくらいならできるかもしれませんが、毎月続けるのは難しそうです。

月間で3冊売れる平積みで考えると、どうでしょう。棚前に平積みして月に3冊売れるものが52点あれば、達成できます。いま棚前の平積みで月に1冊も売れていないものはどのくらいあるでしょう。月間に100万円売る文庫売場の規模なら、平積み面数は500ほどあるかもしれません。その1割が死んでいることは、特に珍しいことではありません。売上を生んでいないその約50面の平積みを3冊売れるもので置き換えればいいのです。それなら充分にできそうです。ちゃんと3冊売れる平積みをつねに50点確保するには、その倍以上の点数を積んでみることが必要かもしれません。毎日の品出しのなかで、売れていない平積みを速く正確に見つけ出すには、やはりスリップに日付と経過を記入し、「これはつい最近積んだばかりだ」とか「これもわりと最近まで売れていた」といった曖昧な思い込みを排して、根拠のある判断ができるようにしておく必要があります。

⑤スリップから得た仮説の検証

売上スリップの束を読むことは、仮説を立てる作業です。仮説というほどたいした根拠がなくても、思いつく限りどんどん連想すればいいし、妄想の域に突入してニヤニヤしてもいい。買ってくれた人に恋してしまってもいいし、その人の残り香がないかとスリップの匂いを嗅いじゃってもいいのです。その過程で見えてきた人物に買ってもらえそうな品揃えをすることが仮説です。また、品出しのときに触れる1冊の棚挿し、1面の平積みそれぞれに仕込んだスリップの書き込みをチェックして、「まだ売り伸ばせるにちがいない」、「そろそろ切り上げどきかも」と考えることも仮説を立てる作業です。そういった思考に、売場から離れることなく、作業の手を止めることなく、周囲の雑音を忘れて瞬間的に集中したいとき、スリップはとても便利です。スリップを見ることで、ある人物像、ある1冊の売れ方といったミクロの視点に集中することができます。

これらの仮説を検証する作業として、実際に何冊売れたか、または売れなかったかを正しく把握し理由を考えます。その際にもやはりスリップの数字が重要な手掛かりになります。スリップで仮説を立て、それを検証するのもまずはスリップ——というやり方が、僕の最も多いパターンです。

しかし、スリップの数字が示す売れ行きは、自店の狭い世界のなかでたまたま起きた現象にすぎないかもしれません。棚に挿して6ヶ月間売れていない。売れると見込んで10冊仕入れたものの、2ヶ月たった今も9冊積んだままになっている。まったく期待もかけずに入荷した3冊を棚前に積んだが、5日間で2冊売れた。そういった現象が自店だけのものなのか、自社チェーンの他店でも起きているのか、全国的な傾向なのか。自分だけが積み方を誤ったために売り逃していて他店舗は順調に売っているかもしれないし、他店の担当者がまだ誰も気づいていないヒットの芽を自分だけが先んじて伸ばしているかもしれない。自店で一度も仕入れたことのない書籍を、他店は1年で数百冊も売り続けているかもしれない——。

仮説を検証する手順はシンプルです。対象となる書目の他店舗(もしくは全国市場)での売れた数字を見て、自分が仮説に基づいて仕入れた書目の売れ数と比較する。それだけです。自店を含めたチェーン全店や市場全体を俯瞰するマクロの視点から売れ方を比較検証するときに、POSデータはただの「過去」ではなく、あなたの仮説を鍛える「役に立つもの」になります。

⑥スリップで気になったキーワードから既刊を掘り出す

第3章で書いたように、書名から気になる語句を抜き出すことがよくあります。また、スリップの組み合わせから連想されたキーワードを書きとめることもあります。そういった言葉を書誌検索データベースに入力し、キーワードにつながる書籍を探し、具体的な書籍の発注や品揃えにつなげていきます。

スリップに書き留めたキーワードが「モテる」のような抽象的な言葉ならば、「落とす」「好かれる」「ホメる」「初対面」「異性」「同性」「上司」「マネジメント」「恋愛」「人たらし」「催眠」「祈る」「飴」「鞭」「いい声」「カラダ」「飢える」「酒池肉林」……と何通りも言い換えてみながら書き出します。それらを何通りもの組み合わせで書籍検索のフリーワード欄に入力していきます。漢字をカタカナに変える、助詞を変える、送り仮名を削るなどの工夫をして何度も試します。人名ならそのまま著者欄かフリーワード欄に入力してみます。検索結果に現れた新しい著者名やタイトルの語句から、同様の作業を繰り返すこともあります。

検索結果に現れた書籍は、取次や出版社の在庫状況を確認します。刊行から年月の経過した既刊が取次にも在庫されているということは、売れ続けているものであり、市場から信頼や評価を得ている著者や出版社、テーマだと推測できます。

こういった作業は、もちろんAmazonの書誌情報ページに表示される「この商品を買った人はこんな商品も買っています」という欄も参考にできないわけではありません。しかしあのリストでは、似すぎたものがいくつも登場することが多く、そのどれもが取次の書誌検索でも簡単に発見できるものでしかないため、あまり発注に結びつかないと感じます。

誤解のないようにいいますが、Amazonが「こんな商品も」と表示できないような珍しい既刊を積むことや、Amazonのアルゴリズムにはできないような、頭の良さそうな〝かっこいい組み合わせ〟で平積みを並べることが書店員のセンスの見せどころだ――と言いたいわけではありません。Amazonもお勧めしてくるような売れ筋商品は、この章を通して解説してきたデータ活用法を使って、自店にも当然揃えておくべきです（その点では、POSシステムのない書店がAmazonの検索結果や「こんな商品も」を見て市場全体での売れ筋上位書目を知るという使い方は、ある程度有効です）。

しかし、ウェブ上とは違い、書店の売場には物理的な制約があります。レジ前の島平台、各ジャンルの棚前平台、棚――といった什器の容量や形状、書籍の判型やデザインといった条件の組み合わせのなかで、「より多く売れると見込めるものをより目立つ場所に陳列する」を原則として、毎日悩みながら取捨選択せざるをえません。「より多く売れる」ものが新刊とは限りませんし、どちらが「多く売れている」ともいえない同じ3冊売れの平積みなんてあちこちにあります。それらの書籍にとって「目立つ場所」（＝お客様にとって発見しやすい場所）が必ずしもレジ前の島平台だとも限りません。そもそも、店内を流し見しながら歩くお客様の多くは、まだ何を買いたいのか、何かを買いたいのかさえ、はっきりとは思い描いていていません。

そのお客様にとって、「これが世間で（いちばん）売れています！」とアピールする仕掛け販売は有効ですが、「これも（まあ）売れています」「これも（前に）売れていました」と似たようなものを並べられても、「どれでもいいから本屋のあなたが決めてくれ」と思われるかもしれませんし、どれも決め手に欠けるから何も買わないかもしれません。類似商品が群れになっている平台の一角をチラッと見て「ああ、その類《たぐ》いのやつね」と理解した気になって、足を止めることさえしないかもしれません。ＰＯＳの全国ランキング上位から順に発注して並べたコーナーでも、似たような書籍ばかりなら丸ごとスルーされることだってありえます。

お客様の足を止めるには、わかりやすさと同時に違和感が必要です。全国書店で大ヒット中の『モデルが秘密にしたがる体幹リセットダイエット』（佐久間健一、サンマーク出版）と『ずぼらヨガ 自律神経どこでもリセット！』（崎田ミナ、飛鳥新社）が、自店の生活書エンド平台にも当然山積みになっています。お客様は、以前から広告で気になっていた話題書2点が書店でもやはり揃って売れている様子だと気づき、買っても損はなさそうだと安心して両方を手に取り、「あとでネットでポチろう。そのほうが荷物にもならないし」と考えているかもしれません。そのとき、そのすぐ隣に話題の2点に負けないくらいの冊数で『ボディ・マッピング だれでも知っておきたい「からだ」のこと』（バーバラ・コナブル、エイミー・ライカー、小野ひとみ訳、春秋社）が積んであるのを見つけ、「おや？」とそれを手に取るわけです。自宅でAmazonを見ていたときには見かけなかった書籍です。パラパラとめくってみると、怪我をせずに快適に過ごすための体の使い方が人体のスケルトン模型を使って詳細に描かれていて「これは使える本かも！」と興味が湧き始め、体の使い方を知るためには脳の思い込みを自覚することが大切なのだといったことが書かれていて「なんだか深いかも！」と好奇心をくすぐられ、ＤＶＤが付属していると気づき「超使えそう。これは絶対買わなきゃ。というかもう3冊まとめて買っちゃお。心と体の美しさに自己投資しなきゃね、そう、自己投資よ！うふふ」と盛り上がって衝動買いしてくれるかもしれません。

生活書のエンド平台に春秋社の『ボディ・マッピング』を積んだのは、「人文系出版社にも詳しい知的な僕」を見せたかったわけでも、品揃えがかっこよくなるから積んだのでもありません。多くのお客様がうっすらと抱いている心身への関心を僕が引き受けて、もう一段掘り下げて見せたかったのです。そうすることで、お客様は「健やかに過ごしたい」「綺麗なプロポーションでいたい」という日頃から感じていた曖昧な願望をはっきりと再確認して、にわかに主体的な意思を持って売場を見はじめてくれるはずです。僕がこの『ボディ・マッピング』という書籍を知り得たのは、著者のバーバラ・コナブルの既刊『音楽家ならだれでも知っておきたい「からだ」のこと』(誠信書房)をこれまで多くのお客様が買ってくださり、その買い方を見ていると、専門的な内容だけどおそらく音楽家ではない人が買っていると考えられるケースが多かったからです。

多くのお客様が気軽に手に取る易《やさ》しい書籍をちゃんと平積みにすることで、まず「お高くとまっている書店ではありません。安心してお買い物してください」と言うことができます。そのいっぽうで、お客様の潜在的な関心の高さや読解力を決して低く見積もらないことが重要です。お客様の関心を深く掘り下げられる書籍を、売れている既刊やこれから売れると見込んだ新刊のなかから選び組み合わせることで、売場に知的な深みと商売の華やかさが合わさったムードを演出し、お客様の知的好奇心とお買い物の高揚感のスイッチを入れることができます。

このように一般的な売れ筋と自店が独自に掘り出した売れそうなものを組み合わせた数点のセットを組み上げていったとき、お客様を立ち止まらせ、興味を向けさせる品揃えができあがります。

他に使ったほうがいい電子情報

●版元ドットコムの「増刷した本」
http://www.hanmoto.com/bd/juhan

２５８の出版社が参加（２０１７年9月23日時点）する業界団体「版元ドットコム」の「増刷した本」の一覧ページは優れています。最近増刷したものから順に、書影と増刷回数が画面に並んでおり、さまざまなジャンルの書籍が知らないうちにこんなに増刷されていたのかと驚きます。この一覧がヒントになって発注する場合もあれば、増刷される本の実例集として勉強する場合もあります。何度も増刷されているということは、書店からの注文が途絶えず返品されて戻ってくることも少ない、つまりロングセラーです。本章で解説したＰＯＳデータ活用法でも述べた通り、書店はより多くのロングセラーを見つけ出し売り伸ばすことで売上を底上げすることができます。「増刷した本」に紹介される点数は多くはありませんが、これを教材としてつねに見ておくと、書店が長く売れるように陳列することでどのような書籍が増刷されるのか——と考えるようになり、品出しの際に早計に返品してしまい後悔することが減ります。同様の増刷情報をより多くの出版社について一覧できるサービスがほしいと感じます。

●国立国会図書館サーチ
http://iss.ndl.go.jp/

新刊リストなどで気になったものの、それは共著であり単著がまだない――という著者を調べる際に便利です。人文系の若手研究者なら論文や専門雑誌、ビジネス系のコンサルタントや経営者ならビジネス誌の記事など、書籍単行本以外の情報を探すことができます。ウェブ上では記事内容まではわからないものの、研究テーマや専門分野など、おおよその判断材料を得ることができます。まだ共著しか出版されていなくても、次は単著が出版されるかもしれません。この著者の名前やどのようなテーマを扱っているのかを記憶に留めておけば、単著デビューのときに平積みにするべきか、棚挿しにするのか、その判断の参考にすることができます。期待できる新しい著者がいれば、その単著デビューの際にはしっかり在庫を確保して平積みにします。デビュー作となると初版部数が少なく、発売後に話題になり始めたときには出版社で品切れになっており、増刷はまだ決まっていないという場合もあります。早くから新しい著者に目をつけて、他店に先んじて在庫を確保してしっかり売ることができれば、書店員としてとても嬉しい経験になります。また、このように期待される新しい著者を早い時期に買うお客様の多くは、どんなジャンルにせよ本への関心が高く、よく買ってくださるお得意様です。そのお客様の信頼を得ることもできます。

◉文庫・新書目録kindle版

講談社学術文庫、講談社現代新書、角川ソフィア文庫、河出文庫、ちくま文庫など、いくつかの文庫や新書レーベルは、図書目録がkindle版の電子書籍として無料でダウンロードできます。電子書籍といってもデータ形式はＰＤＦで、傍線や注釈の機能は使えませんが。

目録を読むことは楽しく、「あの本とこの本を並べると面白いのではないか」と想像することは、品揃えの思考トレーニングになります。文庫や新書の担当者が目録を見て、売れ筋の新刊と共通するテーマや売場に不足しているテーマに気づき、既刊を発注することもよくあります。

kindle版は、別の端末で見ていたページを他の端末でも続けて読むことができるWhispersync 機能があり、スマートフォンやPCなど複数の端末で使いたいときに思考を中断されることがありません。

最後に――頭を冷やし、やる気も高めるために

僕は、本の仕入れを考える道具として「スリップはアクセルで、POSでたまにブレーキをかける感じ」と考えています。スリップに書き込むメモは仮説であり、ときに妄想でもあります。その頭を冷やすブレーキがPOSのデータです。ただ、ブレーキだけでは売上も僕自身のやる気も徐々に減速してしまいます。スリップを見て「次はこんな品揃えならお客様も喜んでお財布を開いてくれるんじゃないか」と期待感を高め、アクセルを踏み、実際に本を仕入れ並べていくことで、売場を新陳代謝させ、売上を伸ばしていくことができます。

あとがき

本書を最後までお読みくださり、ありがとうございます。みなさんはどのように本書をお読みくださったでしょうか。なかでも、書店員のみなさんがどうお読みになったのか、気になります。

本書の内容を実際にみなさんのお店で実践するには、それぞれの什器レイアウトやスタッフの役割分担、チェーン全体の運営体制といった個別の条件に合わせた応用が必要です。そのためにみなさんが考えたことや実行したこと、本書に対する疑問や異論などを、言葉にして本書の余白にでも書き込んでください。言葉にすることで、後進の書店員にとって貴重な教材を残すだけでなく、みなさんご自身もたびたび立ち戻るべき基準点を明らかにすることができます。僕自身、本書の執筆のためにこれまでの仕事を書き出そうとしたとき、いつの間にか惰性や思い上がりで品揃えが手癖のようになっていた部分に気づきました。この本は、これからの僕自身にとってもたびたび読み返す教科書になるはずです。

本書の執筆にお力添えをくださった方々、僕を書店員として育ててくれた方々に感謝を申し上げます。すべての方のお名前を挙げることはできませんが、以下の方々をその代表とさせていただき、お礼をお伝えしたいと思います。

まず、お客様に感謝を申し上げます（こう書くとバックヤードの壁に貼ってある接客標語のようですが……）。お名前を存じ上げている方、お顔しか知らない方、お姿を見たこともない方もいらっしゃいますが、売上スリップの向こうにたしかに実在していて、書店仕事の楽しさも悔しさも教えてくれました。

出版社と取次の営業ご担当の方々にも感謝を申し上げます。みなさんが来て話してくださったおかげで、本を書く人、編集する人、流通させる人のことを少しずつ想像できるようになり、読者に本を届ける大きな流れのなかで自分のいる立場を考えることができるようになりました。

あゆみBOOKSで共に働いた方々にも感謝を申し上げます。本書でお名前を挙げさせていただいた元社長で颯爽堂店主の鈴木孝信さん、神宮寺克治さん、今井良さん、二階堂健二さん、寺田俊一郎さん、前田隆之さんだけでなく、みなさんにたくさんのことを教えていただき、助けていただきました。あゆみBOOKSは僕にとって今も故郷の村のような存在です。

フリーランスになった僕に実践の場を与えてくださったマルベリーフィールドの勝澤光さん、神樂坂モノガタリのオーナーでフォーネット社会長の齊藤正善さん、長崎書店社長の長﨑健一さん、久禮書店にご依頼をくださった各社のみなさんにも感謝を申し上げます。

本書の実例集のために売上スリップをご提供くださった各書店の方々、装画を描いてくださった吉野有里子さん、装幀をしてくださった原拓郎さん、本書に力強い実体をあたえてくださり、ありがとうございます。本書のご依頼をくださり、僕のもつれにもつれた文章を丁寧にほどき、「なぜそう考えるの？」と根気よく問いかけ続け、編集者という職業の奥深さを見せてくださった苦楽堂代表の石井伸介さん、ありがとうございます。

最後に、妻と娘に、僕にできる限り最大の感謝と愛情を捧げます。

久禮亮太

索引

書店関連

な行

は行

ま行

や行

ら行

書籍・雑誌・レーベル

た行

な行

は行

ま行

や行

ら行

わ行

人名

数字欧文

あ行

書店、出版社、取次ほか

数字欧文

装画

吉野有里子(よしの・ゆりこ)

切り絵作家、イラストレーター。北海道生まれ、東京のど真ん中よりはちょっと西のはずれ在住。バンド「eastern youth」、そのリーダー吉野寿のソロ活動「bedside yoshino」のアートワークを手掛ける。2011年、作品集『吉野有里子画集』(ディスクユニオン)を刊行。

本文仕様	章扉	筑紫明朝pro R＋筑紫ゴシックpro B
	本文	筑紫明朝pro R

装幀仕様	カバー	ミニッツGA／ナチュラル／四六判Y目130kg
	オビ	OKトップコートプラス／四六判 Y目110kg
	本表紙	コニーカードココナッツ／四六判Y目180kg
	見返し	タント／ H70 ／四六判 Y目100kg
	別丁扉	タント／ N57 ／四六判 Y目100kg
	本文	オペラホワイトマックス／四六判Y目73kg

久禮亮太（くれ・りょうた）

1975年生まれ、高知県出身。早稲田大学法学部中退。97年、あゆみBOOKS早稲田店にアルバイト勤務。三省堂書店八王子店に契約社員として勤務したのち、2003年よりあゆみBOOKS五反田店に正社員として勤務。2010年より同社小石川店店長。14年退職。15年、「久禮書店」の屋号でフリーランス書店員として独立。神樂坂モノガタリ（東京都新宿区）などで選書、書店業務一般を行うほか、長崎書店（熊本市）などで書店員研修も担当している。

スリップの技法

久禮亮太 著

2017年10月31日　初版第1刷発行
2018年1月1日　　第2刷発行

装幀　原 拓郎

発行者　石井伸介
発行所　株式会社苦楽堂
http://www.kurakudo.jp
〒650-0024　神戸市中央区海岸通2-3-11昭和ビル101
Tel & Fax:078-392-2535
印刷・製本　中央精版印刷株式会社

ISBN 978-4-908087-07-3

苦楽堂の本

海の本屋のはなし
海文堂書店の記憶と記録

平野義昌　1900円＋税
ISBN 978-4-908087-01-1 C0095

神戸・元町の老舗書店が閉じた。あの本屋はなぜ、こんなにも愛されたのか。最後の店員・平野義昌が綴る99年の歴史と、最後まで一緒に働いた仲間たちの声。レジ、アルバイト、実用、外商、教科書、文芸、新書、児童書、人文、そして中央カウンターと海事書……。本の話よりも、棚の話よりも、だれもが皆「お客さまとの思い出」を語った。

まっ直《す》ぐに本を売る
ラディカルな出版「直取引」の方法

石橋毅史　1800円＋税
ISBN 978-4-908087-04-2 C0095

いくつもの新興出版社が、この本を読み、挑戦を始めている。書店の利益を増やす。書店が求める冊数を即日出荷する。返品率は10％台──。尖鋭にして根源的な本の売り方「直取引(トランスビュー方式)」のすべてを具体的に解剖。これから出版社を始めようと考えるすべての人へ。

好評重版

本屋、はじめました
新刊書店Title開業の記録

辻山良雄　1600円＋税
ISBN 978-4-908087-05-9 C0095

「自分の店」をはじめるときに、大切なことはなんだろう? 物件探し、店舗デザイン、カフェのメニュー、イベント、ウェブ、そして「棚づくり」の実際。事業計画書から、開店後の結果まですべて掲載。堀部篤史さん(誠光社店主)との特別対談を収録。本屋に限らず、個人店開業者必読の一冊。

好評四刷